Anneliese Markl/Christian Markl

●

Rechtsberater für Vermieter

Anneliese Markl/Christian Markl

Rechtsberater für Vermieter

Was jeder Vermieter einfach wissen muss

2., überarbeitete Auflage

Linde
populär

Bibliografische Information der Deutschen Nationalbibliothek
Die Deutsche Nationalbibliothek verzeichnet diese Publikation in der Deutschen Nationalbibliografie; detaillierte bibliografische Daten sind im Internet über http://dnb.d-nb.de abrufbar.

ISBN 978-3-7093-0310-8

1210 Wien, Scheydgasse 24, Tel.: +43/1/24 630
www.lindeverlag.de
www.lindeverlag.at

Umschlag: buero8
Satz: deleatur (www.deleatur.com)
Druck: Hans Jentzsch & Co. GmbH., 1210 Wien, Scheydgasse 31

Inhalt

Vorwort

Das österreichische Mietrecht zählt nicht zuletzt aufgrund seiner historischen Entwicklung mit seinen zahlreichen Novellierungen (zuletzt durch die Wohnrechtsnovelle 2009) zu einem der kompliziertesten – und nicht nur für den Laien nahezu unverständlichen – Rechtsgebiete. Kaum jemand ist in der Lage, sich umfassend in diesem Regelungsdickicht zurechtzufinden. Die Vielzahl von unüberschaubaren Regelungen führt dazu, dass immer wieder Fehler bei der Vertragsgestaltung passieren, die weitreichende Konsequenzen zeitigen können. Die Absicht des Gesetzgebers, ein neues Mietrecht ähnlich dem WEG 2002 zu schaffen, konnte bisher nicht umgesetzt werden. Gerade das Mietrecht ist aber ein Rechtsgebiet, das viele Personen – sei es als Mieter oder Vermieter – unmittelbar betrifft.

Ziel dieses Ratgebers ist es, in möglichst verständlicher und kompakter Form einen Überblick über das Mietrecht und seine Bestimmungen zu geben. Zu diesem Zweck wird großer Wert auf erläuternde Beispiele gelegt, aber auch grafische Darstellungen und Checklisten sollen die Verständlichkeit fördern. Den Schwerpunkt des Buches nimmt sachgerechterweise das Mietrechtsgesetz ein, aber auch das Bestandrecht des ABGB, dessen Regelungen bei einer nicht unerheblichen Anzahl von Bestandverhältnissen zur Anwendung gelangen, wird in einem eigenen Kapitel berücksichtigt.

Die in der Praxis auftretenden Hauptstreit- bzw. Problemschwerpunkte wie beispielsweise Fragen hinsichtlich der Anwendbarkeit der Bestimmungen des MRG, der zulässigen Mietzinshöhe, des Betretens des Mietobjekts und der Kündigung des Mieters werden im Detail erläutert. Weiters werden Fragen der Sanierung und Instandhaltung des Mietobjektes und der diesbezüglichen Kostentragungspflicht ebenso umfassend behandelt wie die richtige Vertragsgestaltung.

Wir haben uns entschlossen, in der 2. Auflage Fundstellen von einschlägigen Judikaten aufzunehmen. Dies deshalb, weil es in manchen Bereichen durchaus sinnvoll ist, die betreffende Entscheidung nachzulesen, um überprüfen zu können, ob die darin geäußerten Rechtssätze auch auf den konkreten (aktuellen) Sachverhalt anwendbar sind. Die Judikate können unter der Internetadresse www.ris.bka.gv.at abgefragt werden. Auch das Literaturverzeichnis wurde in Bezug auf Einzelfragen erweitert.

Dennoch soll an dieser Stelle nochmals ausdrücklich darauf hingewiesen werden, dass es empfehlenswert ist, bei Zweifelsfragen den Rat eines Fachmanns einzuholen. Auch Alt- oder Musterverträge sollten nicht unreflektiert verwendet werden. Die Folgen eines fehlerhaften Vertrages können überaus weitreichend sein, sodass die Kosten der Überprüfung oder Erstellung eines Mietvertrages sich schlussendlich mehr als bezahlt machen.

Ein solches Buch ist nicht das alleinige Werk der Autoren. Vielmehr haben wir mehreren Personen aufrichtig Dank zu sagen, die uns bei der Entstehung dieses Buches tatkräftig unterstützt haben. Zunächst ist dem Team des Linde-Verlags herzlich für die überaus professionelle Unterstützung und für die Aufnahme in das Verlagsprogramm zu danken. Wir bedanken uns weiters bei Frau Brigitte Klammer für ihre umfangreiche Mithilfe und ihre konstruktiven Anregungen sowie bei Frau Michaela Höllwerth für die hilfreiche Recherchearbeit. Es ist uns bewusst, dass jedes Werk stets verbesserungsfähig ist, und wir bedanken uns bereits jetzt für allfällige Anregungen und Verbesserungsvorschläge.

Diese richten Sie bitte an:

RA Mag. Anneliese Markl
Andreas-Hofer-Straße 2-4
A-6020 Innsbruck
Tel.: +43 (0)512 57 55 05
e-mail: anmarkl@aon.at
web: www.ra-markl.at

ao. Univ.-Prof. Dr. Christian Markl
Institut für Arbeits- und Sozialrecht, **Wohn- und Immobilienrecht** und Rechtsinformatik
Leopold-Franzens-Universität Innsbruck
Innrain 52
A-6020 Innsbruck
Tel.: +43 (0)512 507 8285
e-mail: christian.markl@uibk.ac.at
web: www.uibk.ac.at/wohnrecht

Kematen i. T./ Innsbruck,
im September 2010

Anneliese Markl
Christian Markl

I. Kapitel Anwendungsbereich des MRG

Wichtige Rechtsfolgen bestimmen sich danach, ob der Mietgegenstand den Bestimmungen des MRG ganz oder teilweise unterliegt. In diesem Kapitel werden die einzelnen Abgrenzungskriterien ausführlich dargestellt und erläutert.

1. Allgemeines

Vor Abschluss eines Mietvertrages sollte sich der Vermieter Klarheit darüber verschaffen, welche gesetzlichen Bestimmungen auf das Mietverhältnis zur Anwendung gelangen. Konkret geht es also darum, ob der Mietgegenstand zur Gänze, teilweise oder gar nicht dem MRG (Mietrechtsgesetz), sondern dem ABGB (Allgemeines bürgerliches Gesetzbuch) und allenfalls anderen Schutzbestimmungen wie etwa dem Landpachtgesetz oder dem Kleingartengesetz unterliegt. Welches Recht zur Anwendung gelangt, ist insbesondere für Fragen der zulässigen Befristung des Bestandvertrages, der Mietzinsbildung und der Beendigungsmöglichkeiten eines Mietvertrages von erheblicher Bedeutung. Eine falsche Einordnung kann für den Vermieter zu äußerst unliebsamen Überraschungen führen.

Beispiel

Gerhard K. ist Alleineigentümer eines im Jahre 1940 errichteten Hauses mit acht Substandardwohnungen. Diese Wohnungen vermietet er an Studenten. Er befristet die Mietverträge jeweils auf ein Jahr, schließt generell jeden Aufwandersatz aus und hebt einen Mietzins in Höhe von sieben Euro pro Quadratmeter Nutzfläche und Monat ein. Als er den Mieter Gebhard B. nach Ablauf eines Jahres auffordert, dessen 27 m^2 Wohnung zu räumen, setzt sich dieser zur Wehr. Tatsächlich unterliegt das Mietverhältnis dem Vollanwendungsbereich des MRG, sodass aufgrund der fehlerhaften Befristung ein unbefristetes Mietverhältnis gegeben ist, das nur mehr aus den Gründen des § 30 MRG aufgekündigt werden kann. Weiters steht dem Mieter im Rahmen des § 10 MRG Aufwandersatz zu, und es gelangen die Mietzinsbildungsvorschriften des § 16 Abs 5 MRG zur Anwendung. Danach kann für eine brauchbare Wohnung der Ausstattungskategorie D ein Hauptmietzins bis zu einem Betrag von 1,54 Euro je Quadratmeter und Monat vereinbart werden. Gebhard B. freut sich, statt 189 Euro monatlich nur mehr einen Mietzins in der Höhe von 41,58 Euro bezahlen zu müssen. Das zu viel bezahlte Mietentgelt kann er selbstverständlich ebenfalls zurückfordern.

Für Mietobjekte in Gebäuden, die von einer gemeinnützigen Bauvereinigung im eigenen Namen errichtet worden sind, regelt § 20 WGG die Anwendbarkeit mietrechtlicher Bestimmungen.

2. Vollanwendungsbereich des MRG

Zur Gänze ist das MRG (§ 1 Abs 1) grundsätzlich auf nachstehende Bestandobjekte anzuwenden, allerdings bestehen davon teilweise Ausnahmen:

a) Wohnungen

Die Rechtsprechung definiert unter dem Begriff Wohnung einen selbständigen und in sich baulich abgeschlossenen Teil eines Gebäudes, der geeignet ist, der Befriedigung eines individuellen Wohnbedürfnisses von Menschen zu dienen. Nahezu gleichlautend wurde der Begriff der Wohnung nunmehr in § 2 Abs 2 WEG 2002 (Wohnungseigentumsgesetz 2002) festgeschrieben.

b) Teile von Wohnungen

Unter „Teile von Wohnungen" sind einzelne Zimmer auch unter Mitbenützung von allgemeinen Einrichtungen wie Bad, WC und Küche zu verstehen, nicht aber (bloße) Teile von Wohnräumen. Den Hauptanwendungsbereich dieser Bestimmung stellt die Untermiete dar.

c) Geschäftsräumlichkeiten aller Art

Dazu zählt das Gesetz:

- Geschäftsräume
- Magazine
- Werkstätten
- Arbeitsräume
- Amts- oder Kanzleiräume

Diese Aufzählung ist nur beispielhaft, so wertet die Judikatur Ordinationen oder Vereinslokale[1] als Geschäftsräumlichkeiten, ebenso wurde das Atelier eines akademischen Malers als solche beurteilt. Sogar eine Garage kann dann unter den Begriff der Geschäftsräumlichkeit fallen, wenn sie vereinbarungsgemäß der Einstellung eines überwiegend geschäftlich genutzten Fahrzeuges dient.[2]

Abgrenzung Wohnungs- oder Geschäftsraummiete

Für die Abgrenzung ist die Absicht der Parteien bei Vertragsschluss oder bei einer späteren einverständlichen Änderung des Mietvertrages entscheidend. Einseitige Änderungen sind unbeachtlich, wenn sie vom Vermieter nicht akzeptiert werden.

Eine Wohnung ist ein Mietgegenstand, der nur zu Wohnzwecken oder sowohl zu Wohn- als auch zu Geschäftszwecken vermietet wird. Ein Geschäftsraum ist eine Räumlichkeit, die zu Geschäftszwecken im weiteren Sinn vermietet wird. Gewinnerzielung oder Erwerbsabsicht der geschäftlichen Tätigkeit muss nach Auffassung eines Teils der Lehre nicht unbedingt gegeben sein, die Verwendung zu Vereinszwecken oder etwa künstlerischen Zwecken soll für die Qualifikation als Geschäftsraummiete genügen.[3]

Neutrale Objekte, die ihrer Art nach weder als Wohnung noch als Geschäftsraum qualifiziert werden können und auch nicht für Wohn- oder Geschäftszwecke gemietet werden, fallen nicht unter das MRG. Ein neutrales Objekt ist etwa eine zu reinen Privatzwecken gemietete Garage oder eine Hobbywerkstatt. Zur Abgrenzung von Unternehmenspacht und Geschäftsraummiete vergleiche Kapitel XV.1.b.

d) Mitgemietete Haus- oder Grundflächen

Diese Bestimmung umfasst beispielsweise Hausgärten, Abstell-, Lade- oder Parkflächen, wobei nach dem Wortlaut des Gesetzes das MRG nur

---

[1] 6 Ob 592/86
[2] 7 Ob 521/87
[3] 1 Ob 588/89

dann zur Anwendung gelangen soll, wenn diese Flächen mit einer Wohnung, einem Wohnungsteil oder einer Geschäftsräumlichkeit mitgemietet wurden. Erfolgt hingegen die Anmietung der Fläche selbständig, kommen die Bestimmungen des ABGB zum Tragen. Ob selbständige Flächenmiete oder Mitmietung vorliegt, wird nach dem bei Vertragsschluss vorliegenden Parteiwillen beurteilt. Dabei wird gefragt, ob die Parteien ein einheitliches oder zwei voneinander unabhängige Mietverhältnisse beabsichtigt haben.

Auch genossenschaftliche Nutzungsverträge über die oben angeführten Bestandobjekte unterliegen dem Vollanwendungsbereich des MRG.

3. Teilanwendungsbereich des MRG

Fällt ein Bestandobjekt in den Teilanwendungsbereich des MRG, so kommen nur bestimmte Regelungen des MRG zum Tragen. Dabei handelt es sich um nachstehende Bestimmungen:

- Eintritt in das Mietverhältnis im Todesfall (§ 14)
- Kaution (§ 16 b)
- Befristungsvorschriften und Kündigungsregelungen (§§ 29 bis 36)
- Vorschriften hinsichtlich der Wertbeständigkeit des Mietzinses (§§ 45 und 46)
- kündigungsrechtliche Übergangsregelungen (§ 49)

Folgende Mietobjekte fallen unter den Teilanwendungsbereich (§ 1 Abs 4 MRG):

Mietgegenstände, die in Gebäuden gelegen sind, die ohne Zuhilfenahme öffentlicher Mittel aufgrund einer nach dem 30. Juni 1953 erteilten Baubewilligung neu errichtet worden sind

Für die Annahme einer Neuerrichtung ist nach der Judikatur die Schaffung neuer, bis dahin nicht vorhanden gewesener Räume, zumindest aber eine völlige Umgestaltung des Inneren eines Hauses, verbunden mit dem Niederreißen und der Neuherstellung von Baulichkeiten oder Teilen eines Bauwerks erforderlich.[4] So fällt beispielsweise die Entfernung oder Verlegung von Zwischenwänden nicht unter den Begriff der Neuerrichtung.

Mietgegenstände, die durch den Ausbau eines Dachbodens oder einen Aufbau aufgrund einer nach dem 31.12.2001 erteilten Baubewilligung neu errichtet worden sind, sowie unausgebaute Dachbodenräumlichkeiten, die mit der Abrede vermietet werden, dass – wenn auch zum Teil oder zur Gänze durch den Hauptmieter – entweder in ihnen oder in einem an ihrer Stelle durchgeführten Aufbau eine Wohnung oder eine Geschäftsräumlichkeit errichtet werde

Voraussetzung der Anwendbarkeit dieser Bestimmung ist, dass der Mietvertrag nach dem 31.12.2001 geschlossen wurde. Bei Mietgegenständen, die durch einen nicht mit einem Dachbodenausbau verbundenen Aufbau neu errichtet worden sind, gilt diese Bestimmung für Mietverträge, die nach dem 30.9.2006 geschlossen wurden. Durch die Wohnrechtsnovelle 2006 wird der Teilanwendungsbereich auch auf reine Aufbauten aufgrund einer Baubewilligung, die nach dem 31.12.2001 erteilt wurde, erstreckt. Diese Aufbauten können in einem Zusammenhang mit einem Dachbodenausbau stehen, müssen aber nicht.

Mietgegenstände, die durch einen Zubau aufgrund einer nach dem 30.9.2006 erteilten Baubewilligung neu errichtet worden sind

Unter Zubauten wird die horizontale Erweiterung eines Gebäudes verstanden. Diese Bestimmung ist auf Mietverträge anzuwenden, die nach dem 30.9.2006 geschlossen wurden.

Mietgegenstände, die im Wohnungseigentum stehen, sofern der Mietgegenstand in einem Gebäude gelegen ist, das aufgrund einer nach dem 8.5.1945 erteilten Baubewilligung neu errichtet worden ist

---

4 5 Ob 192/00x

Nicht erforderlich ist, dass Wohnungseigentum bereits zum Zeitpunkt der Errichtung des Gebäudes begründet wurde, da hier nur auf das Faktum Baubewilligung abgestellt wird.

Mietgegenstände in einem Wirtschaftspark
Ebenfalls in den Teilanwendungsbereich fallen Mietgegenstände in einem Wirtschaftspark, das ist eine wirtschaftliche Einheit von ausschließlich zu Geschäftszwecken genutzten Gebäuden und Liegenschaften, in (auf) denen jedoch nicht überwiegend Handelsgewerbe im Sinne der Gewerbeordnung 1973 betrieben werden.[5] Von einem Wirtschaftspark ist das Einkaufszentrum zu unterscheiden. In einem Einkaufszentrum überwiegt typischerweise das Vorhandensein von Handelsgeschäften.

Auf Mietgegenstände in einem Wirtschaftspark gelangen nur die Bestimmungen des MRG hinsichtlich des Eintritts in das Mietverhältnis im Todesfall (§ 14) sowie die Befristungsvorschriften und Kündigungsregelungen (§§ 29 bis 36) zur Anwendung.

4. Nichtanwendungsbereich des MRG

Nicht unter das MRG (§1 Abs 2) fallen folgende Bestandobjekte:

a) Sondermietverhältnisse

Darunter werden nachstehende Mietverhältnisse verstanden:

Mietgegenstände, die im Rahmen

- des Betriebes eines Beherbergungs-, Garagierungs-, Verkehrs-, Flughafenbetriebs-, Speditions- oder Lagerhausunternehmens

oder

- eines hiefür besonders eingerichteten Heimes für ledige oder betagte Menschen, Lehrlinge, jugendliche Arbeitnehmer, Schüler oder Studenten

vermietet werden.

---

[5] 4 Ob 249/97i

Ob diese Ausnahmetatbestände vorliegen, wird von der Rechtsprechung einer strengen Prüfung unterzogen. Das Bestandobjekt muss seitens des Vermieters im Rahmen seines Betriebes vermietet worden sein und im Zusammenhang mit dem Betriebsgegenstand stehen. So wenn beispielsweise ein Flughafenbetriebsunternehmen auf seinem Betriebsgelände Räumlichkeiten vermietet, in denen Serviceleistungen für Reisende wie Zeitungen, Bücher und Zigaretten, Kaffee und Proviant angeboten werden. Nicht zum Betrieb eines Verkehrsunternehmens zählt jedoch beispielsweise die Vermietung von Viaduktbögen unterhalb der Eisenbahntrasse zum Zwecke der Ausübung eines Autospenglergewerbes.[6]

Ein Heim bietet in der Regel mehreren Personen Unterkunft, wobei gerade bei Heimen für betagte Menschen eine Reihe von Nebenleistungen wie Reinigung der Räumlichkeiten, Pflege und medizinische Betreuung und vor allem Verpflegungsleistungen erbracht werden.

Beispiel

Die schon etwas betagte Berta möchte ihren Lebensabend in einem Altersheim verbringen um ihren Kindern nicht zur Last zu fallen. Die Pfleger und Pflegerinnen im Altersheim kümmern sich liebevoll um Berta, reinigen unter anderem ihr Zimmer und versorgen sie täglich mit frisch gekochten Speisen. Charakteristisch für die Unterbringung in einem Altersheim ist, dass gewisse Nebenleistungen wie etwa Reinigung von Räumlichkeiten, medizinische Betreuung und Verpflegung übernommen werden. Verhältnisse gem § 1 Abs 2 Z 1 MRG unterliegen nicht dem MRG. Es kommen daher die Regelungen des 25. Hauptstücks des ABGB zur Anwendung.

- Wohnungen oder Wohnräume, die von einer karitativen oder humanitären Organisation im Rahmen sozialpädagogisch betreuten Wohnens vermietet werden

[6] 4 Ob 517/92

Zu karitativen oder humanitären Organisationen wird beispielsweise die Caritas oder die Bewährungshilfe gezählt. Um nicht unter die Bestimmungen des MRG zu fallen, muss neben der Vermietung einer Wohnung oder von Wohnräumen noch eine zusätzliche Leistung gegeben sein, vornehmlich die Betreuung der Mieter in ihren konkreten Lebensbereichen (betreute Wohngemeinschaften).

Tipp

Mietverträge, die von karitativen oder humanitären Organisationen selbst geschlossen werden, um Räumlichkeiten im obigen Sinne zur Verfügung stellen zu können, unterliegen nicht diesem Vollausnahmetatbestand.

- Wohnungen, die aufgrund eines Dienstverhältnisses oder im Zusammenhang mit einem solchen als Dienst-, Natural- oder Werkswohnung überlassen werden

Maßgeblicher Anknüpfungspunkt dieses Ausnahmetatbestandes ist, dass ein Dienstvertrag Geschäftsgrundlage für den Mietvertrag ist, dh dass ohne zugrunde liegenden Dienstvertrag auch der Mietvertrag nicht geschlossen worden wäre. Üblicherweise ist die Dauer des Mietvertrages an die Dauer des Dienstverhältnisses gebunden. Geht ein Dienstnehmer in den Ruhestand und wird ihm die Wohnung ohne Vertragsänderung weiterhin überlassen, so ändert sich grundsätzlich – wenn keine abweichende Vereinbarung getroffen wurde – am Inhalt des bisherigen Benützungsverhältnisses nichts.

b) 6-Monatsverträge

Darunter versteht man Mietverträge, die durch Zeitablauf ohne Kündigung enden, sofern die ursprüngliche oder verlängerte vertragsmäßige Dauer ein halbes Jahr nicht übersteigt und der Mietgegenstand

- eine Geschäftsräumlichkeit

oder

- eine Wohnung der Ausstattungskategorie A oder B (§ 15a Abs 1 Z 1 und 2 MRG) ist und der Mieter diese aufgrund eines erwerbsbedingten vorübergehenden Ortswechsels nur zum schriftlich vereinbarten Zweck der Nutzung als Zweitwohnung mietet (zB Antritt einer Gastprofessur für ein Semester).

Bestandverträge, die insgesamt für nicht länger als sechs Monate geschlossen werden, sollen nach dem Willen des Gesetzgebers nicht dem MRG unterliegen. Wird jedoch diese Mietdauer überschritten, so kommt das MRG rückwirkend zum Tragen.[7] Damit will man die Umgehung der Bestimmungen des MRG mit Hilfe sogenannter Kettenmietverträge verhindern.

c) Zweitwohnungen

Darunter versteht man Wohnungen oder Wohnräume, die vom Mieter bloß als Zweitwohnung zum Zweck der Erholung oder der Freizeitgestaltung gemietet werden; Voraussetzung für die Annahme einer Zweitwohnung ist, dass daneben ein gewöhnlicher Aufenthaltsort gegeben ist.

Als gewöhnlicher Aufenthaltsort wird jener Ort bezeichnet, an dem sich jemand während längerer Zeit, wenn auch nicht ununterbrochen aufhält und der den Mittelpunkt seines Lebens, seiner wirtschaftlichen Existenz und seiner sozialen Beziehungen darstellt.

d) Mietgegenstände in Ein- und Zweifamilienhäusern

Dabei handelt es sich um Mietgegenstände in einem Gebäude mit nicht mehr als zwei selbständigen Wohnungen oder Geschäftsräumlichkeiten, wobei Räume, die nachträglich durch einen Ausbau des Dachbodens neu geschaffen wurden oder werden, nicht zählen.

---

[7] 5 Ob 84/85

Anwendungsbereich des MRG

MRG

Vollanwendungsbereich

- Miete von Wohnungen

  Miete einzelner Wohnungsteile
- Geschäftsräumlichkeiten aller Art wie insbesondere Geschäftsräume, Magazine, Werkstätten, Arbeitsräume, Amts- oder Kanzleiräumen
- mitgemietete Haus- und Grundflächen (wie im Besonderen Hausgärten, Abstell-, Lade- oder Parkfläche(n)
- genossenschaftliche Nutzungsverträge

Teilanwendungsbereich

- Mietgegenstände, die in Gebäuden gelegen sind, die ohne Zuhilfenahme öffentlicher Mittel auf Grund einer nach dem **30. Juni 1953** erteilten Baugenehmigung neu errichtet worden sind
- Mietgegenstände, die durch den Ausbau eines Dachbodens oder einen Aufbau auf Grund einer nach dem **31. Dezember 2001** erteilten Baubewilligung neu errichtet worden sind, sowie unausgebaute Dachbodenräumlichkeiten, die mit der Abrede vermietet werden, dass – wenn auch zum Teil oder zur Gänze durch den Hauptmieter – entweder in ihnen oder in einem an ihrer Stelle durchgeführten Aufbau eine Wohnung oder Geschäftsräumlichkeit errichtet werde
- Mietgegenstände, die durch einen Zubau aufgrund einer nach dem **30. September 2006** erteilten Baubewilligung neu errichtet worden sind
- Mietgegenstände, die im Wohnungseigentum stehen, sofern der Mietgegenstand in einem Gebäude gelegen ist, das aufgrund einer nach dem **8. Mai 1945** erteilten Baubewilligung neu errichtet worden ist
- Mietgegenstände in einem Wirtschaftspark
- Mietgegenstände in Gebäuden, die von einer gemeinnützigen Bauvereinigung im eigenen Namen errichtet worden sind

Teilanwendungsbereich des MRG

§ 14 - Mietrecht im Todesfall
§ 16b - Kaution
§§ 29–36 Kündigungsbestimmungen
§ 45 - Wertbeständigkeit des Mietzinses
§ 46 - Hauptmietzins bei Eintritt in einen bestehenden Mietvertrag über eine Wohnung
§ 49 - kündigungsrechtliche Übergangsregelungen
(§§ 45, 46 und 49 gelten nicht bei Mietgegenständen in einem Wirtschaftspark)

Diese Bestimmung ist nur auf Mietverträge anzuwenden, deren Abschluss nach dem 31.12.2001 erfolgte oder erfolgt. Verträge, die vor diesem Stichtag hinsichtlich einer Wohnung im Ein- oder Zweifamilienhaus geschlossen wurden, fallen nicht unter diese Regelung, sondern verbleiben im Teilanwendungsbereich des MRG.

Durch diese Neuregelung im Zuge der Mietrechtsnovelle 2001 entfällt für Mieter der Kündigungsschutz des MRG, es kommen die (deutlich liberaleren) Bestimmungen des ABGB zur Anwendung (vgl Kapitel XV.).

Erfolgt der Ausbau des Dachbodens nach der ursprünglichen Errichtungsphase, so verbleibt das Gebäude auch dann im Nichtanwendungsbereich des MRG, wenn durch den Ausbau mehrere Bestandobjekte (beispielsweise zwei Dachwohnungen) geschaffen werden.

II. Kapitel Gestaltung des Mietvertrages

Fehler bei der Gestaltung des Mietvertrages können teuer zu stehen kommen. In diesem Kapitel werden die häufigsten Fehlerquellen aufgezeigt. Eine Checkliste und wichtige Hinweise helfen Ihnen, einen Mietvertrag zu gestalten.

1. Allgemeines

Besonderes Augenmerk sollte auf die Errichtung und den Inhalt eines Mietvertrages gelegt werden. Vorweg ist dringend davon abzuraten, Musterverträge unreflektiert zu übernehmen. Durch die laufende Novellierung der mietrechtlichen Normen läuft der Vermieter ansonsten Gefahr, unzulässige oder unwirksame Vertragsbestandteile in den Vertrag auf- bzw zu übernehmen. Dies kann zu höchst unerfreulichen rechtlichen Konsequenzen führen. Daher ist bei der Erstellung eines Mietvertrages große Sorgfalt geboten, bei Unklarheiten sollte man den Rat eines fachkundigen Anwaltes oder einer einschlägigen Beratungsstelle in Anspruch nehmen. Dies gilt umsomehr in Hinblick auf die jüngsten veröffentlichten Entscheidungen des Obersten Gerichtshofes (OGH) bezüglich der Zulässigkeit von Mietvertragsklauseln.[8]

Anzuwendendes Recht

Zunächst ist jedenfalls abzuklären, welches Recht zur Anwendung gelangt. Unterliegt das Bestandobjekt nicht den Bestimmungen des MRG (Nichtanwendungsbereich), so bestehen weitgehende vertragliche Gestaltungsmöglichkeiten. Im Teilanwendungsbereich des MRG sind die dort anzuwendenden mietrechtlichen Bestimmungen jedenfalls zu beachten, in den ausgeklammerten Bereichen besteht wieder relative Vertragsfreiheit. Unterliegt das Bestandobjekt zur Gänze dem MRG, so sind den vertraglichen Gestaltungsmöglichkeiten aufgrund der zwingenden Bestimmungen des MRG enge Grenzen gesetzt. Nicht außer Acht gelassen werden darf auch seitens gewerblicher Vermieter die Anwendbarkeit der Bestimmungen des Konsumentenschutzgesetzes (KSchG).

Weiters muss beachtet werden, dass unter Umständen förderungsrechtliche Bestimmungen auch im Nicht- oder Teilanwendungsbereich des MRG Bestimmungen des MRG für verbindlich erklären. Es empfiehlt sich daher zu klären, ob die Errichtung des Bestandobjektes gefördert wurde.

---

[8] 7 Ob 78/06f; 1 Ob 241/06g; 6 Ob 81/09v

2. Form des Mietvertrages

Entgegen einer weit verbreiteten Ansicht können Mietverträge auch mündlich wirksam abgeschlossen werden.[9] Der Vertragsabschluss erfolgt in aller Regel mit der Einigung über Bestandsache und Bestandzins als den wesentlichen Inhalten eines Bestandvertrages. Einigen sich also die Vertragsparteien mündlich über den Abschluss eines Mietvertrages, so hat die beabsichtigte Errichtung eines schriftlichen Mietvertrages nur mehr deklaratorische Bedeutung.

Bei einem mündlichen Vertragsabschluss können sich aber für den Vermieter erhebliche Nachteile ergeben. Schriftlichkeit ist jedenfalls geboten bei folgenden Vertragsinhalten, sollen diese wirksam vereinbart werden:

- Befristung von Mietverhältnissen (beachte gesetzliche Mindestbefristung bei Wohnungen)
- Nutzungszweck einer beruflichen Zweitwohnung
- Gegenüberstellung Befristungsabschlag zu möglichem Mietzins
- Vereinbarung eines Lagezuschlages
- Vereinbarung von wichtigen Kündigungsgründen
- Vereinbarung über Investitionsersatz bei nützlichen Verbesserungen

! Tipp

Es empfiehlt sich daher dringend, auf die Errichtung eines schriftlichen Mietvertrages zu bestehen.

Der Vermieter sollte sich auch nicht dazu bewegen lassen, das Bestandobjekt vor Unterfertigung des Mietvertrages zu übergeben, da der Mieter im Voll- und Teilanwendungsbereich des MRG nachträglich nicht

[9] 3 Ob 265/98m

mehr gezwungen werden kann, die Vertragsurkunde zu unterfertigen. Abgesehen von der Unwirksamkeit mündlich vereinbarter, individueller Nebenbestimmungen des Vertrages hat ein mündlich geschlossener Vertrag die für den Vermieter höchst unangenehme Konsequenz, dass dieser stets als unbefristet geschlossen gilt. Eine mündlich vereinbarte Befristung ist wirkungslos.[10]

Tipp

Der Mietvertrag ist von allen am Vertrag Beteiligten zu unterfertigen!

3. Beschreibung des Mietgegenstandes

Um Missverständnisse zu vermeiden, empfiehlt es sich, das Mietobjekt genau zu beschreiben. Zweckmäßig ist es, die Adresse kombiniert mit Einlagezahl und Katastralgemeinde anzugeben sowie die Bezeichnung des Bestandobjektes mit „Top X" und Stockwerk anzuführen. Weiters sind Angaben über den Zeitpunkt der Baubewilligung und der Errichtung des Gebäudes hilfreich. Ebenfalls angeführt werden sollte, ob öffentliche Mittel für die Errichtung des Bestandobjektes verwendet wurden.

Für den Fall, dass eine Ausnahme vom MRG vorliegt, sollte diese bereits im Mietvertrag begründet werden. Ausdrücklich wird darauf hingewiesen, dass eine vertragliche Einigung, die die Anwendung des MRG auf das Mietverhältnis ausschließt, unwirksam ist. Ob nämlich das MRG auf ein Mietverhältnis zur Anwendung kommt oder nicht, ist der Parteidisposition entzogen.

Die Beschreibung des Mietgegenstandes selbst sollte jedenfalls sehr detailliert ausfallen. Es ist empfehlenswert, sämtliche Räumlichkeiten einzeln anzuführen, wobei besonderes Augenmerk auf die sogenannten Nebenräume gelegt werden sollte. Im Mietvertrag ist daher nach

---

[10] 7 Ob 62/05a

Möglichkeit konkret anzuführen, welches Kellerabteil, welches Dachbodenabteil benützt werden kann, welche Garage bzw welcher Autoabstellplatz zur Verfügung steht und ob beispielsweise Gartenbenützung gestattet ist. Die Nutzfläche sollte vorsichtshalber nur dann angeführt werden, wenn diese tatsächlich genau bekannt ist, um einen allfälligen Mietzinsminderungsanspruch zu vermeiden.

4. Befristung des Mietverhältnisses

Im Nichtanwendungsbereich des MRG kann grundsätzlich beliebig befristet werden, wobei darauf zu achten ist, dass beide Vertragsteile bis zum Ende der vereinbarten Befristung gebunden sind, sofern kein Kündigungsrecht vereinbart wurde. Hingegen unterliegen Mietobjekte im Voll- und Teilanwendungsbereich des MRG einer – nunmehr deutlich vereinfachten – Befristungsregelung. Nach § 29 Abs 1 Z 3 lit b MRG besteht eine gesetzlich normierte Mindestdauer der Befristung von drei Jahren für Mietverträge über Wohnungen, ungeachtet dessen, ob es sich um den erstmaligen Abschluss des Vertrages oder um die Verlängerung desselben handelt. Ansonsten sieht das MRG keine Mindestvertragsdauer mehr vor und auch Verlängerungen sind beliebig oft und zeitlich unbeschränkt möglich (vgl Kapitel XII.).

Bislang wandelte sich ein befristetes Mietverhältnis in ein unbefristetes, wenn der Vermieter es versäumte, nach Ablauf der wirksam vereinbarten Dauer des Bestandverhältnisses die Räumungsklage rechtzeitig binnen 14 Tagen (!) nach Ablauf der Befristung anhängig zu machen oder wenn er gestattete, dass der Mieter die Wohnung ohne Weiteres fortdauernd benützte. Nunmehr erfolgt bei erstmaliger Säumnis zunächst nur eine weitere Verlängerung des Mietverhältnisses um drei Jahre. Wird der Mietvertrag nach Ablauf dieser Frist wiederum nicht aufgelöst, so gilt er als unbefristet verlängert. Dem Mieter kommt aber das Recht zu, den erneuerten Mietvertrag unter Einhaltung einer dreimonatigen Kündigungsfrist jeweils zum Monatsletzten schriftlich zu kündigen.

Tipp

Hingewiesen werden soll an dieser Stelle noch darauf, dass im Voll- und Teilanwendungsbereich des MRG auch eine vereinbarte Aufkündigungsmöglichkeit durch den Vermieter stets wichtiger Gründe bedarf, während der Mieter ohne Angabe von Gründen kündigen kann.

5. Nutzung durch den Mieter

Weiters sollte festgehalten werden, zu welchem Zweck der Mietgegenstand vom Mieter genutzt wird, ob also eine reine Wohnungsnutzung oder eine geschäftliche Nutzung vorgesehen ist. Bei gemischten Nutzungen sowohl als Wohnung als auch als Geschäftsräumlichkeit wird darauf abgestellt, welche Nutzung überwiegt. Auch dies empfiehlt sich im Vertrag festzuhalten.

Tipp

Der Mietvertrag sollte auch noch Bestimmungen hinsichtlich des Weitergaberechts und des Untervermietrechts enthalten.

6. Mietzins

Die Vereinbarung über die Höhe des zu entrichtenden Mietzinses stellt einen wesentlichen Bestandteil des Mietvertrages dar, ohne eine derartige Vereinbarung kommt ein solcher nicht zustande. Allerdings reicht es nach der Rechtsprechung aus, wenn die Höhe des Bestandzinses bestimmbar ist, wobei die Vereinbarung eines angemessenen Mietzinses für dieses Kriterium als ausreichend erachtet wurde.[11] Unterliegt das Mietobjekt dem Teilanwendungs- oder Nichtanwendungsbereich des MRG, so kann der Mietzins im Wesentlichen frei gestaltet werden. Eine

[11] 5 Ob 27/89

Anfechtung kann nur aufgrund der allgemein zivilrechtlichen Rechtsinstitute wie beispielsweise der Geltendmachung von Sittenwidrigkeit, Wucher oder „laesio enormis“ (Verletzung über die Hälfte des wahren Wertes) erfolgen.

Im Vollanwendungsbereich des MRG hingegen ist die Mietzinsbildung zwingend vorgeschrieben, wobei verschiedene Mietzinsmodelle zur Anwendung gelangen. Je nach den Voraussetzungen ist ein angemessener Mietzins, der Richtwertmietzins oder der Kategoriemietzins zu entrichten. Zu beachten ist, dass bei befristeten Verträgen § 16 Abs 7 MRG unabhängig von der Befristungsdauer einen Befristungsabschlag in Höhe von 25% vorsieht. Bereits hier soll darauf hingewiesen werden, dass im Mietvertrag jedenfalls eine Gegenüberstellung des zulässigen Mietzinses für ein unbefristetes Mietverhältnis und des Mietzinses für das befristete Mietverhältnis erfolgen sollte.

Ebenso ist sinnvollerweise eine Wertsicherungsklausel in den Mietvertrag aufzunehmen.

7. Kaution

Unter einer Kaution versteht man eine Pfandbestellung zur Sicherstellung etwaiger Schadenersatzforderungen oder Mietzinsrückstände. Der Vorteil für den Vermieter liegt darin, dass er vorweg über einen Deckungsfond verfügt und nicht erst das Ergebnis eines gerichtlichen Verfahrens abwarten muss. Allerdings darf der Vermieter über diese Beträge in der Regel erst am Ende eines Mietverhältnisses, wenn also feststeht, ob überhaupt Forderungen gegenüber dem Mieter entstanden sind, verfügen.

Tipp

Die für den Vermieter sicherste Art der Bezahlung besteht in der Barzahlung. Sehr häufig wird die Kaution in Form eines Überbringersparbuches (ohne Losungswort) entrichtet. Hier besteht allerdings die Gefahr, dass das Sparbuch durch ein Kraftloserklärungsverfahren nicht realisiert werden kann.

Seit der Wohnrechtsnovelle 2009 ist gesetzlich angeordnet, dass der Vermieter die Kaution, wenn sie als Geldbetrag übergeben wird, auf einem Sparbuch fruchtbringend zu veranlagen und den Mieter darüber auf Verlangen schriftlich zu informieren hat. Andere Arten der Kautionsveranlagung sind zulässig, wenn sie eine gleich gute Verzinsung und eine gleich hohe Sicherheit wie eine Spareinlage bieten und wenn sie eine eindeutige Abgrenzung vom Vermögen des Vermieters und bei dessen Insolvenz eine Absonderung ermöglichen (§ 16b Abs 1 MRG). Außerhalb des Vollanwendungsbereiches des MRG kann auf die Verzinsung der Kaution verzichtet werden. Die zulässige Höhe der Kaution ist nach der Rechtsprechung einzelfallbezogen zu beurteilen, wobei eine Kaution in Höhe von bis zu sechs Bruttomieten als zulässig akzeptiert wird.

Nach Ende des Mietvertrages hat der Vermieter dem Mieter die Kaution samt den aus ihrer Veranlagung erzielten Zinsen unverzüglich zurückzustellen, soweit sie nicht zur Tilgung von berechtigten Forderungen des Vermieters aus dem Mietverhältnis herangezogen wird.

8. Betriebskosten und sonstige Nebenkosten

Im Nicht- und Teilanwendungsbereich des MRG besteht weitgehende Gestaltungsfreiheit, während bei Mietobjekten im Vollanwendungsbereich des MRG im § 21 MRG die einzelnen Betriebskostenbestandteile aufgelistet sind. Im Mietvertrag sollte sich ein Hinweis auf den zur Anwendung gelangenden Verteilungsschlüssel sowie auf die vorgenommene Verrechnung der Betriebskosten finden. Weiters empfiehlt es sich, auch Vereinbarungen hinsichtlich der Kosten und Gebühren im Zuge der Mietvertragserrichtung vorzusehen, ebenso eine Kautionsregelung.

9. Erhaltungs- und Reparaturpflichten

Auch hier hängt die Möglichkeit der vertraglichen Gestaltung davon ab, ob das Mietobjekt dem Vollanwendungsbereich des MRG oder dem Nicht- bzw Teilanwendungsbereich des MRG unterliegt. Bei Letzterem kann die Erhaltungspflicht im Sinne des § 1096 Abs 1 ABGB zur Gänze auf den Mieter überwälzt werden. Im Vollanwendungsbereich des MRG trifft den Vermieter die Erhaltungspflicht an den Mietgegenständen und die der gemeinsamen Benützung der Bewohner des Hauses dienenden Anlagen, wobei der Umfang der Erhaltungspflichten in § 3 Abs 2 MRG geregelt wird. Eine Vertragsklausel, welche im Vollanwendungsbereich des MRG die Erhaltungspflicht auf den Mieter überwälzt, ist nichtig.

10. Investitionen des Mieters, Veränderungen durch den Mieter, Wiederherstellungspflicht

Im Vollanwendungsbereich des MRG kommt dem Mieter das Recht zu, bestimmte Veränderungen im Mietgegenstand vorzunehmen. Jedenfalls hat der Mieter eine wesentliche Veränderung dem Vermieter anzuzeigen, wobei § 9 Abs 2 MRG eine Aufzählung von Änderungsmaßnahmen enthält, die der Mieter vornehmen kann und bei denen gemäß § 9 Abs 3 MRG keine Verpflichtung zur Wiederherstellung des früheren Zustandes besteht.

Hinsichtlich des Ersatzes von vorgenommenen Investitionen kann im Nicht- und Teilanwendungsbereich des MRG vereinbart werden, dass dem Mieter kein Investitionskostenersatz zusteht. Im Vollanwendungsbereich des MRG stellt § 10 MRG die Zentralnorm hinsichtlich des Investitionskostenersatzes dar.

11. Rückstellung des Bestandgegenstandes

Nach Beendigung des Bestandverhältnisses hat der Bestandnehmer den Bestandgegenstand fristgerecht, vollständig geräumt und unter Berücksichtigung der üblichen Abnützung im übernommenen Zustand an den Vermieter rückzustellen. Wird die Rückstellung der Bestandsache vom Bestandnehmer unverschuldet verzögert, so hat er ein Benützungsentgelt zu entrichten, bei verschuldetem Verzug hingegen auch den sonstigen Schaden zu ersetzen. Wird das Bestandobjekt verspätet zurückgestellt und steht dem Vermieter aus diesem Grund ein Benützungsentgelt zu, so sind nach der Judikatur zusätzlich Betriebskosten und Heizkosten unabhängig vom früheren Mietvertrag jedenfalls in der Höhe der auf die Wohnung tatsächlich entfallenden Kosten zu bezahlen.[12] Im Anwendungsbereich des § 34 Abs 2 MRG (Verlängerung der Räumungsfrist im Urteil) ist ein den vertraglichen Mietzins übersteigendes Benützungsentgelt gegen den Mieter jedoch ausgeschlossen.

Außerhalb des Anwendungsbereiches des § 34 Abs 2 MRG wird nach der Judikatur die Höhe des Benützungsentgeltes nicht mit jener des vorher zu zahlenden Mietzinses gleichgesetzt. Der (nunmehr titellose) Benützer hat vielmehr ein angemessenes Benützungsentgelt zu leisten, für dessen Höhe der früher zu entrichtende Bestandzins nur einen Anhaltspunkt liefert.

Wird das Bestandobjekt beschädigt, so haftet bei Verschulden des Bestandnehmers dieser nicht nur für die Wiederherstellung der beschädigten Bestandsache, sondern auch für sonstige Schäden. Den Mieter trifft auch die Haftung für die schuldhafte Beschädigung des Mietobjektes durch seine Erfüllungsgehilfen, Gäste oder Mitbewohner.[13] Der Vermieter muss jedoch seinen Schadenersatzanspruch längstens binnen einem Jahr nach Zurückstellung des Bestandobjektes gerichtlich geltend machen. Bei dieser Frist handelt es sich um eine sogenannte Präklusivfrist, das heißt, wird diese nicht eingehalten, erlischt das Recht.[14]

Tipp

Zu beachten ist jedoch, dass der Mieter für die Abnützung des Bestandgegenstandes durch dessen vertragsgemäßen Gebrauch nicht aufzukommen hat. Er kann grundsätzlich nur für übermäßige Abnützung und Missbrauch haftbar gemacht werden.

---

12 6 Ob 540-542/89

13 5 Ob 516/80

14 Siehe § 1111 ABGB, der für alle Mietverhältnisse anwendbar ist.

Checkliste Mietvertrag

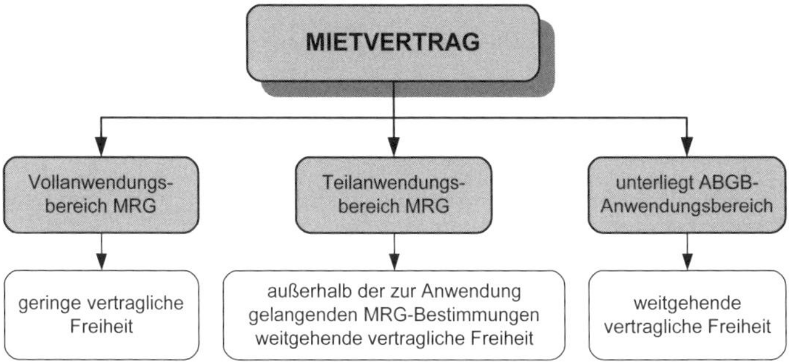

- [ ] Welche Bestimmungen (ABGB, MRG) kommen zur Anwendung?
- [ ] Schriftform eingehalten?* Vertragsparteien genau bezeichnet (Einzelmieter, Mieter-/Vermietergemeinschaft, juristische Person)?
- [ ] Vertragsunterzeichnung durch alle am Vertrag Beteiligten? Vollmacht und Zeichnungsberechtigung überprüft?
- [ ] Ausnahme von der Anwendung des MRG schriftlich begründet?
- [ ] Übergabe des Bestandobjekts erst nach Unterfertigung des Mietvertrages!
- [ ] Mietgegenstand genau beschrieben? (EZ, KG, Adresse, Topbezeichnung, Anzahl der Räume, Ausstattung, Verwendungszweck, Mitbenützungsrechte)
- [ ] Höhe, Fälligkeit und Wertsicherung des Mietzinses vereinbart?
- [ ] Mietzinsvereinbarung: zwingende Mietzinsbildungsvorschriften im Vollanwendungbereich MRG beachtet?
- [ ] Kautionsvereinbarung iSd § 16b MRG getroffen? (Höhe, Art der Hinterlegung, Verwendungszweck, Befriedigungsvoraussetzungen)

---

* **Einhaltung der Schriftform ist jedenfalls geboten bei:**
- Vermietung einer Zweitwohnung iSd § 1 Abs 2 Z 3 lit b MRG
- Befristung von Mietverhältnissen – Beachte gesetzliche Mindestbefristung bei Wohnungen von drei Jahren!
- Gegenüberstellung Befristungsabschlag
- Vereinbarung eines Lagezuschlages
- Vereinbarung von wichtigen Kündigungsgründen
- Vereinbarungen über Investitionsersatz bei nützlichen Verbesserungen

Checkliste Mietvertrag

- [ ] Befristetes Mietverhältnis im Vollanwendungbereich MRG: Befristungsabschlag von 25 % des Mietzinses berücksichtigt?
- [ ] Gegenüberstellung zulässiger Mietzins für unbefristetes Mietverhältnis und Mietzins für befristetes Mietverhältnis (–25%) vorgenommen?
- [ ] Mitvermietetes Inventar und sonstige Nebenleistungen – Entgeltvereinbarung getroffen?
- [ ] Einmalzahlung (Ablöse oder Mietzinsvorauszahlung) vereinbart?
- [ ] Betriebskosten gesondert ausgewiesen?
- [ ] Im Anwendungsbereich ABGB und bei Teilausnahme vom MRG: Verweis auf § 21 Abs 1 und 2 MRG (Betriebskosten) in Vertrag aufgenommen?
- [ ] Aufteilungsschlüssel und Verrechnungsmethode ausgewiesen? (Einzel-/Jahrespauschalverrechnung)
- [ ] Anteil an besonderen Aufwendungen (Lift, zentrale Waschküche, Betreuung von Grünanlagen usw) iSd § 24 MRG ausgewiesen? Verrechnungsmethode?
- [ ] Im Anwendungsbereich ABGB und bei Teilausnahme vom MRG: Überwälzung der Erhaltungspflicht iSd § 1196 Abs 1 ABGB auf den Mieter
- [ ] Regelungen hinsichtlich der Veränderung des Mietgegenstandes und der Wiederherstellung durch den Mieter getroffen? Beachte § 9 Abs 2 und 3 MRG!
- [ ] Im Anwendungsbereich ABGB und bei Teilausnahme vom MRG: Ausschluß des Investitionsersatzanspruchs des Mieters vereinbart?
- [ ] Vollanwendungsbereich MRG: Ausschluss des Investitionsersatzanspruchs des Mieters nur nach Maßgabe des § 10 MRG möglich!
- [ ] Anzeigeverpflichtung des Mieters bei ernsten Schäden vorgesehen?
- [ ] Verbot der Weitergabe des Mietobjektes und der Untervermietung in Vertrag aufgenommen?
- [ ] Kündigungsgründe, Kündigungstermine und -fristen vereinbart?
- [ ] Kosten- und Gebührentragungspflicht geregelt?
- [ ] Sonstige Vereinbarungen, Geltung der Hausordnung

III. Kapitel Verbotene Vereinbarungen

Jeder Vermieter sollte die in § 27 MRG als ungültig und verboten erklärten Vereinbarungen vermeiden. Ein Verstoß gegen diese Bestimmung kann sogar mit empfindlichen Geldstrafen geahndet werden.

1. Verbotene Einmalzahlungen – § 27 Abs 1 MRG

a) Allgemeines

Der Gesetzgeber erklärt bestimmte Vereinbarungen für ungültig und verboten, wenn dies zum Schutz des Mieters für notwendig erachtet wird. In § 27 MRG findet sich eine Aufzählung von Vereinbarungen, die im Vollanwendungsbereich des MRG verboten sind. Für den Fall, dass trotzdem derartige verbotene Vereinbarungen getroffen werden, sieht diese Bestimmung sogar Sanktionen vor. Der Anwendungsbereich erstreckt sich nicht nur auf das Verhältnis zwischen Vermieter und Mieter, sondern auch auf das Verhältnis zwischen Mieter und sonstigen Personen wie beispielsweise Verwalter oder Makler. Die Bestimmung des § 27 MRG ist auch auf Untermietverhältnisse anwendbar.

b) Verbotene Vereinbarungen von Einmalzahlungen im Einzelnen

Folgende Vereinbarungen sind gemäß § 27 Abs 1 MRG ausdrücklich ungültig und verboten:

- Vereinbarungen, wonach der neue Mieter dafür, dass der frühere Mieter den Mietgegenstand aufgibt oder sonst ohne gleichwertige Gegenleistung dem Vermieter, dem früheren Mieter oder einem anderen etwas zu leisten hat, wie zum Beispiel:
  - Überwälzung der Kosten der Mietvertragserrichtung (Beachte: Kostentragungspflicht des Mieters besteht nur dann, wenn er selbst den Auftrag zur Vertragserrichtung erteilt!)
  - Verpflichtung zur Bezahlung der Mietzinsrückstände des Vormieters
  - Verzicht des Mieters auf Verzinsung der erlegten Kaution
- Vereinbarungen, wonach der Mieter für den Verzicht des Vermieters auf die Geltendmachung eines Kündigungsgrundes dem Vermieter oder einem anderen etwas zu leisten hat, sind nur zulässig,

- wenn der Vermieter auf die Kündigungsgründe des § 30 Abs 2 Z 4 und 6 MRG verzichtet (gänzliche Weitergabe oder keine regelmäßige Verwendung zur Befriedigung des dringenden Wohnbedürfnisses) **und**
- wenn für den Mieter der Abschluss des Mietvertrages ohne einen solchen Kündigungsverzicht sinnlos wäre (Anmietung erfolgt zum Zwecke der Unterbringung von Gästen).
- Einmalzahlungen für den Kündigungsverzicht sind nur bei Abschluss des Mietvertrages zulässig, sie können nicht nachträglich vereinbart werden.

- Vereinbarungen, wonach für die Vermittlung einer Miete ein offenbar übermäßiges Entgelt zu leisten ist.
  - Rückforderbar ist das Entgelt, das gesetzlich festgelegte Höchstgrenzen übersteigt; darunter sind nach der Judikatur Vermittlungsprovisionen zu verstehen, die mehr als das Dreifache des vereinbarten Bruttomietzinses betragen (vgl dazu auch Kapitel XVI.5.)
- Vereinbarungen, wonach derjenige, der Erhaltungs- oder Verbesserungsarbeiten im Hause durchführt, dem Vermieter, dem Verwalter, einem Mieter oder einer dritten Person, die von einer dieser Personen bestimmt wurde, ein Entgelt für die Erteilung oder Vermittlung des Auftrages zu leisten hat.
  - Eine Vereinbarung, nach der dem Hausverwalter ein Entgelt für die Erteilung des Auftrages zur Vornahme von Arbeiten zu leisten ist, ist sogar dann ungültig und verboten, wenn keine Überwälzung der verbotenen Leistung auf den Mieter stattfindet.
- Vereinbarungen, wonach der Vermieter oder der frühere Mieter sich oder einem anderen gegen die guten Sitten Leistungen versprechen lässt, die mit dem Mietvertrag in keinem unmittelbaren Zusammenhang stehen.

– Unzulässig ist beispielsweise die Einbehaltung eines Betrages als Sonderverwaltungsaufwand aus Anlass der Auflösung des Mietvertrages.

2. Erlaubte Vereinbarungen von Einmalzahlungen

Das Gesetz verbietet Einmalzahlungen nicht generell, sondern erklärt bestimmte Zahlungen sogar ausdrücklich als zulässig. Dazu zählen:

- Beträge, die nach § 14 Abs 1 oder § 17 WGG geleistet werden (Leistung eines Finanzierungsbeitrages und Anspruch auf Rückzahlung der neben dem Entgelt geleisteten Beträge);
- Beträge, die bei Abschluss des Mietvertrages vom Mieter für den Verzicht des Vermieters auf den Kündigungsgrund des § 30 Abs 2 Z 4 und 6 MRG gezahlt werden, sofern die konkreten Umstände, die für den Mieter schon damals den Abschluss des Mietvertrages ohne einen solchen Verzicht sinnlos gemacht hätten, nachgewiesen werden und der für den Verzicht gezahlte Betrag den Hauptmietzins für zehn Jahre nicht übersteigt;
- Ersatz der tatsächlichen Übersiedlungskosten durch den Nachmieter an den Vormieter;
- Ersatz des Aufwandes, den der Vermieter dem bisherigen Mieter nach § 10 MRG zu ersetzen hat.

Weiters zählt zu den erlaubten Einmalzahlungen auch die echte Mietzinsvorauszahlung, die dann gegeben ist, wenn der Mieter einen bestimmten Betrag dafür leistet, dass er einen geringeren als den zulässigen Mietzins zu leisten hat. Diese Zahlung muss aber einem konkreten Zeitraum zugeordnet werden können.[15]

---

[15] 5 Ob 128/98d

3. Rückforderungsanspruch des Mieters

Nicht nur die oben dargestellten verbotenen Leistungen können vom Mieter samt gesetzlichen Zinsen zurückgefordert werden, sondern auch entgegen den Bestimmungen der §§ 15 bis 26 (insbesondere Mietzinse und Betriebskosten) geleistete Zahlungen. Beachte: Der Vermieter hat ungeachtet einer Rückforderung die entgegen den Regelungen des § 27 Abs 1 MRG an ihn geleisteten Beträge als Einnahmen in der Hauptmietzinsabrechnung auszuweisen!

Auf den Rückforderungsanspruch kann im Voraus nicht rechtswirksam verzichtet werden, dies ist erst nach Wegfall der „Zwangslage“ des Mieters zulässig.[16] Ebenso kann gegen diesen Anspruch keine Gegenforderung seitens des Vermieters eingewendet werden. Nach der Rechtsprechung kann ein Rückforderungsanspruch auch dann geltend gemacht werden, wenn der Mieter wusste, dass er eine verbotene Zahlung leistet und stets beabsichtigte, diese wieder zurückzufordern. Weiters ist der Rückforderungsanspruch des Mieters auch zedierbar, das heißt, er kann an einen Dritten abgetreten werden. Die Geltendmachung des Rückforderungsanspruchs wegen entgegen den Regelungen des § 27 Abs 1 MRG geleisteter Beträge erfolgt im Außerstreitverfahren, hingegen hat die Rückforderung von Zahlungen entgegen den Bestimmungen der §§ 15 bis 26 MRG im streitigen Verfahren zu erfolgen.

Der Anspruch auf Rückforderung der entgegen den Bestimmungen der §§ 15 bis 26 MRG vereinnahmten Leistungen verjährt in drei Jahren; der Anspruch auf Rückforderung der entgegen den Bestimmungen des § 27 Abs 1 MRG vereinnahmten Leistungen verjährt in zehn Jahren. Die Verjährung des Rückforderungsanspruchs ist gehemmt, solange bei Gericht bzw bei der Schlichtungsstelle ein Verfahren über die Höhe des Mietzinses anhängig ist.

---

[16] 5 Ob 308/03k

4. Strafbestimmungen

Wird eine gemäß § 27 Abs 1 MRG verbotene Leistung für sich oder einen anderen entgegengenommen oder lässt man sich eine solche versprechen, ist damit ein Verwaltungsstraftatbestand erfüllt. Dies gilt auch für denjenigen, der Erhaltungs- oder Verbesserungsarbeiten im Hause durchführt und dem Vermieter, dem Verwalter, einem Mieter oder einer dritten Person ein Entgelt für die Erteilung oder Vermittlung des Auftrages zahlt.

Die Verwaltungsübertretung ist von der Bezirksverwaltungsbehörde mit einer Geldstrafe bis zu 15.000 Euro zu bestrafen. Die Geldstrafe ist unter Berücksichtigung der persönlichen Verhältnisse und der wirtschaftlichen Leistungsfähigkeit so zu bemessen, dass sie den Wert der unzulässig vereinbarten Leistung übersteigt. Wurde der zu Bestrafende aber bereits zweimal wegen einer solchen Verwaltungsübertretung bestraft, hat die Geldstrafe das Zweifache des Wertes der unzulässig vereinbarten Leistung zu übersteigen. Reicht das gesetzliche Höchstmaß nicht aus, kann dieses um die Hälfte überschritten werden. Würde eine so bemessene Geldstrafe allerdings zur Gefährdung der wirtschaftlichen Existenz führen, so kann auch auf eine niedrigere Geldstrafe erkannt werden. Die für den Fall der Uneinbringlichkeit der Geldstrafe festzusetzende Ersatzfreiheitsstrafe darf sechs Wochen nicht übersteigen.

IV. Kapitel Rechte und Pflichten der Vertragsparteien

Wissen Sie, welche Rechte Ihnen als Vermieter und Ihrem Bestandnehmer wechselseitig zustehen? In diesem Kapitel werden die jeweiligen Rechte und Pflichten ausführlich behandelt.

1. Rechte des Vermieters

Zu den Rechten des Vermieters zählt insbesondere das

- Recht auf Betreten des Mietgegenstandes,
- gesetzliche Pfandrecht zur Sicherung der Mietzinsforderung,
- Recht auf Bezahlung des Mietzinses.

a) Recht auf Betreten des Mietgegenstandes – § 8 Abs 2 MRG

Der Hauptmieter hat dem Vermieter oder von diesem beauftragten Personen das Betreten des Mietgegenstandes aus wichtigen Gründen zu gestatten. Zu den wichtigen Gründen zählen unter anderem:

- Besichtigung des Bestandobjektes mit Kaufinteressenten oder einem Nachmieter
- Vorbereitung und Durchführung notwendiger Arbeiten vom Vermieter und dessen Handwerkern
- Durchführung eines Lokalaugenscheins in der Wohnung durch eine Behörde
- Kontrolle des Mietgegenstandes

Der Vermieter ist aber nicht berechtigt, das Bestandobjekt jederzeit nach seinem Belieben zu betreten, sondern dies ist nur bei Vorliegen eines begründeten Interesses zulässig. Auf die Rechte des Mieters ist dabei insofern Rücksicht zu nehmen, als die Ausübung dieses Rechtes nicht schikanös erfolgen darf und – sofern nicht Gefahr in Verzug vorliegt – das Betreten des Mietgegenstandes gegen Voranmeldung zu erfolgen hat.

Beispiel

Die attraktive Marion M. mietet vom durchaus seriös wirkenden Vermieter Gottlieb S. eine Kleinwohnung. Eines Nachts schreckt sie aus tiefem Schlaf auf und sieht Gottlieb S. in ihrem Schlafzimmer stehen. Dieser erklärt ihr in aller Ruhe, dass er nur von seinem gesetzlichen Recht der Besichtigung und Kontrolle des Mietgegenstandes Gebrauch mache und er dies aufgrund seiner beruflichen Auslastung leider nur in den Nachtstunden tun könne. Da sich dies noch zweimal wiederholt, wäre Marion M. unseres Erachtens neben der Erhebung einer Unterlassungsklage sogar berechtigt, das Türschloss auszuwechseln.

b) Gesetzliches Pfandrecht des Vermieters – § 1101 ABGB

Dem Vermieter steht zur Sicherung seiner Mietzinsforderungen ein gesetzliches Pfandrecht an den eingebrachten Einrichtungsstücken und Fahrnissen zu, soweit sie nicht einer Pfändungsbeschränkung unterliegen. Das gesetzliche Pfandrecht ist nicht auf die dem Mieter gehörigen Einrichtungsstücke beschränkt, sondern es sind davon auch Einrichtungsstücke erfasst, die den im gemeinschaftlichen Haushalt lebenden Personen gehören. Grundsätzlich entsteht dieses Pfandrecht mit Einbringung der Gegenstände in das Bestandobjekt. Das Pfandrecht des Bestandgebers erlischt jedoch, wenn die Sachen, gleichgültig ob mit oder ohne Wissen des Bestandgebers, aus den Bestandräumlichkeiten entfernt werden.

Das Erlöschen des Pfandrechtes kann dadurch verhindert werden, dass eine „pfandweise Beschreibung" der Gegenstände stattfindet. Unter einer pfandweisen Beschreibung versteht man eine einstweilige Verfügung, in Folge derer ein Pfändungsprotokoll über die im Mietgegenstand befindlichen beweglichen Sachen erstellt wird.

Zieht der Mieter aus oder werden die Pfandsachen entfernt, ohne dass der Mietzins entrichtet oder sichergestellt ist, hat der Vermieter das Recht, die Sachen auf eigene Gefahr zurückzubehalten, notfalls auch mit Gewalt. Allerdings unterliegt die zulässige Anwendung von Gewalt wiederum einer Angemessenheitsprüfung. Die Ausübung des Selbsthilferechts wird nur dann als rechtmäßig betrachtet, wenn der Vermieter binnen drei Tagen um die pfandweise Beschreibung ansucht. Unterlässt er eine diesbezügliche Antragstellung, so hat er dem Mieter die Sachen wieder herauszugeben. Nach der erfolgten pfandweisen Beschreibung hat er ebenfalls kein Recht mehr, die Sachen zu behalten, er muss sie dem Mieter zurückstellen. Trotzdem bleibt ihm der Vorteil der pfandweisen Beschreibung erhalten, nämlich die Möglichkeit einer Pfandvorrechtsklage oder der Geltendmachung des Pfandrechtes durch Klagsführung.

Beispiel

Heinrich R. gerät in Zahlungsschwierigkeiten und kann die monatlichen Mietzahlungen nicht entrichten. Er beschließt daher sein gesamtes Hab und Gut nächtens aus dem Bestandobjekt zu entfernen. Sein Vermieter hat aber Verdacht geschöpft und nimmt das kürzlich von Heinrich R. erworbene Notebook und die Perlenkette der Ehefrau von Heinrich R. zur Sicherung seiner Mietzinsforderungen in Verwahrung. Diese Maßnahme des Vermieters ist zunächst zulässig, allerdings muss binnen drei Tagen die pfandweise Beschreibung bei Gericht beantragt werden. Hätte der Vermieter kurzerhand beim Bestandobjekt die Schlösser getauscht und Heinrich R. keinen Schlüssel ausgefolgt, um das Verbringen der eingebrachten Sachen zu verhindern, wäre dies zwar durchaus effektiv, aber nach der Rechtsprechung überschießend. Heinrich R. könnte sich dagegen mit einer Besitzstörungs- oder Unterlassungsklage erfolgreich zur Wehr setzen.

Zu beachten ist, dass das gesetzliche Pfandrecht nicht zur Anwendung gelangt, wenn das Objekt titellos, also ohne Vorliegen irgendeines Rechtsgrundes, der zur Nutzung berechtigt, benützt wird. Weiters erstreckt sich das gesetzliche Pfandrecht des Vermieters nicht auf Sachen, die im Eigentum eines sonstigen Dritten, der also nicht im gemeinsamen Haushalt mit dem Mieter lebt, stehen. Der Mieter wiederum kann die Geltendmachung des Pfandrechtes und damit auch die pfandweise Beschreibung durch entsprechende Sicherheitsleistung abwehren. Die Befriedigung aus diesem gesetzlichen Pfandrecht kann nur durch Fahrnisexekution in die Pfandsache selbst erfolgen.

2. Pflichten des Vermieters

Zu den Pflichten des Vermieters zählen insbesondere:

- Überlassung des Mietgegenstandes
- laufende Erhaltung des Mietgegenstandes (vgl dazu Kapitel V)
- Verbesserung des Mietgegenstandes
- Anbotspflicht bei Vereinigung von Wohnungen
- Wiederherstellung des Mietgegenstandes
- Pflicht zum Schutz des Mieters vor Störungen
- Pflicht zur Leistung eines Investitionsersatzes (vgl dazu Kapitel V)
- Pflicht zur ordentlichen Rechnungslegung (vgl dazu Kapitel X)
- Beachte auch § 7a Elektrotechnikverordnung idF BGBl II Nr 223/2010, in der Anordnungen hinsichtlich der Absicherung von Elektroleitungen (Fehlerstromschutzschalter) enthalten sind.

a) Überlassung des Mietgegenstandes – § 1096 ABGB

Gemäß § 1096 ABGB ist der Vermieter verpflichtet, das Bestandobjekt auf eigene Kosten in brauchbarem Zustand zu übergeben und zu erhalten und den Mieter in dem bedungenen Gebrauche nicht zu stören. Der Vermieter hat das Bestandobjekt zum vertraglich bestimmten Termin bereitzuhalten, ohne dass es dazu einer Aufforderung bedarf. Die Übergabe des Bestandobjektes ist die Verschaffung des bedungenen Gebrauchs und die Gewährung einer entsprechenden Sachherrschaft daran. Dazu gehört beispielsweise die Ausfolgung der Wohnungsschlüssel an die Mieter, wobei dies aber nicht in jedem Fall für die Übergabe ausreicht. Dies etwa dann nicht, wenn sich in der Wohnung noch Sachen Dritter oder gar Personen befinden, die dem Mieter die Ingebrauchnahme des Mietgegenstandes unmöglich machen. Wird der Mietgegenstand nicht gehörig übergeben, so ist zu differenzieren:

Der Mieter verweigert aufgrund ihn dazu berechtigender Umstände die Übernahme des Bestandobjektes:

- Bei der Nichtverschaffung des bedungenen Gebrauches handelt es sich um einen Fall der Nichterfüllung, der Vermieter befindet sich daher im sogenannten Leistungsverzug.
  - Das Mietverhältnis beginnt nicht zu laufen und dem Mieter steht nach Festsetzung einer angemessenen Nachfrist (§ 918 ABGB) ein Rücktrittsrecht vom Vertrag zu

oder

- der Mieter besteht auf Erfüllung und begehrt wegen der Verspätung Schadenersatz.

Der Mieter übernimmt trotz vorliegender Mängel das Bestandobjekt:

- In diesem Fall besteht das Recht auf Mietzinsminderung, sofern dem Mieter die Mängel nicht schon bei Vertragsschluss bekannt waren.

! Tipp

Der Vermieter ist bei nicht rechtzeitiger Übernahme des Mietgegenstandes durch den Mieter nicht sofort berechtigt, das Bestandobjekt anderweitig zu vergeben. Vielmehr kann er zunächst nur die Einhaltung des Vertrages begehren, insbesondere auf die Verpflichtung des Mieters zur Zahlung des Mietzinses bestehen. Die Aufhebung des Mietvertrages kann nur im Wege der Kündigung erfolgen.

Brauchbarer Zustand

Die Brauchbarkeit der Bestandsache richtet sich in der Regel nach dem Vertragszweck. Sie muss daher eine Verwendung zulassen, wie sie gewöhnlich nach diesem erforderlich ist und nach der Verkehrssitte auch erfolgt. Fehlt eine entsprechende Vereinbarung, ist von einer mittleren Brauchbarkeit auszugehen. Der Bestandgeber muss Mängel, die der Brauchbarkeit der Bestandsache entgegenstehen, auf seine Kosten beseitigen, doch kann im Anwendungsbereich des ABGB eine davon abweichende Vereinbarung getroffen werden. Im Bereich der Vollanwendbarkeit des MRG kann hingegen die Pflicht des Vermieters zur Erhaltung der Bestandsache nicht abbedungen werden.

b) Anbotspflicht bei Vereinigung von Wohnungen – § 5 MRG

Als nützliche Verbesserung gilt auch die Vereinigung und bautechnische Umgestaltung zweier oder mehrerer Wohnungen, insbesondere von Mietwohnungen der Ausstattungskategorie D oder C, in eine oder mehrere Mietwohnungen der Ausstattungskategorie C, B oder A.

Bei Vorliegen bestimmter Voraussetzungen trifft den Vermieter die Pflicht, eine freiwerdende Wohnung der Ausstattungskategorie D den Mietern der angrenzenden Wohnungen, die ebenfalls die Ausstattungskategorie D aufweisen, zur Zumietung und Umgestaltung in eine Wohnung der Kategorie C anzubieten. Wird das Angebot angenommen, ist für die vergrößerte Wohnung der Kategoriemietzins der Ausstattungskategorie C zu entrichten. Der erhöhte Mietzins der Kategorie C kann aber erst nach erfolgter Zusammenlegung der Wohnung und erfolgter Kategorieanhebung verlangt werden.

Eine Zumietung kann also erfolgen, wenn:

- die Vereinigung baurechtlich zulässig und zweckmäßig ist,
- die Nutzfläche nach Vereinigung nicht mehr als 90 m^2 beträgt,
- die Vereinigung vom Mieter finanziert wird,
- dieser sich zur Zahlung des Kategoriemietzinses C verpflichtet,
- das Anbot des Vermieters mittels eingeschriebenen Briefes erfolgt
- und der Mieter dieses Anbot binnen 30 Tagen ab Zugang annimmt.

Keine Anbotspflicht besteht, wenn der Vermieter die freigewordene Wohnung selbst durch sonstige bautechnische Maßnahmen in eine Wohnung der Ausstattungskategorie C umwandelt.

Wird das Anbot von den Mietern nicht angenommen, kann der Vermieter die Wohnung an Dritte weitervermieten. Verletzt der Vermieter seine Anbotspflicht, so erfolgt die Durchsetzung derselben im mietrechtlichen Außerstreitverfahren. Grundsätzlich erlischt der Anspruch auf Anbot des Mieters nicht durch eine mittlerweile geschehene Weitervermietung des freigewordenen Mietgegenstandes, der Anspruch des Mieters kann aber gegen den neuen Mieter nicht durchgesetzt werden. Dem Mieter stehen in diesem Fall lediglich Schadenersatzansprüche gegen den Vermieter zu, wobei über diese im streitigen Verfahren zu entscheiden ist.

Kann der Vermieter die Wohnung an Dritte weitervermieten, so ist es zulässig, dass im Mietvertrag die Verpflichtung des neuen Mieters aufgenommen wird, dass sich dieser im Fall des Freiwerdens einer zur Anhebung des Standards geeigneten Nachbarwohnung der Ausstattungskategorie D zur Zumietung und Umgestaltung in eine Wohnung der Ausstattungskategorie C gegen Entrichtung des Kategoriemietzins C verpflichtet. Für den Fall, dass der Mieter dieser Pflicht nicht nachkommt, kann vereinbart werden, dass die Verletzung dieser Pflicht einen Kündigungsgrund im Sinne des § 30 Abs 2 Z 13 MRG darstellt.

c) Wiederherstellungspflicht – § 7 MRG

Wird ein Mietgegenstand durch Zufall zur Gänze oder zum Teil unbrauchbar, so ist der Vermieter unter bestimmten Voraussetzungen zur Wiederherstellung des Mietgegenstandes verpflichtet. Folgende Voraussetzungen müssen dafür gegeben sein:

- die Wiederherstellung ist baurechtlich zulässig,
- die Wiederherstellung ist bautechnisch möglich,
- die Leistungen aus einer bestehenden Versicherung reichen zur Wiederherstellung aus.

Kann der durch Zufall unbrauchbar gewordene Mietgegenstand mangels ausreichender Versicherungsleistung nicht zur Gänze wiederhergestellt werden, so hat eine Teilherstellung zu erfolgen. Dies jedoch nur insoweit, als es vom Standpunkt der Brauchbarkeit vernünftig und sinnvoll erscheint. Keine Wiederherstellungspflicht des Vermieters besteht dann, wenn er zur Wiederherstellung eigenes Vermögen verwenden müsste. Die Durchsetzung der Wiederherstellungspflicht des Vermieters erfolgt im Außerstreitverfahren.

Im Nichtanwendungsbereich des MRG ist der Vermieter hingegen im Fall des Unterganges des Bestandobjektes wegen außerordentlicher Zufälle wie Feuer, Krieg, Seuchen, Überschwemmungen oder Unwetter nicht zur Wiederherstellung der Bestandsache verpflichtet, das Bestandverhältnis erlischt.

d) Pflicht zum Schutz des Mieters vor Störungen

Der Vermieter hat den Mieter gegen Störungen durch Dritte zu schützen, für das Ausmaß dieser Verpflichtung sind der Vertrag und die Verkehrssitte entscheidend. Der Vermieter ist nur dort und in dem Umfang nicht zum Einschreiten verpflichtet, in dem die Erfolgsaussichten mit hoher Wahrscheinlichkeit von vornherein ausgeschlossen werden können. Aber auch der Umstand, dass der Mieter selbst rechtliche Ansprüche gegen den Störer durchsetzen könnte, befreit den Vermieter nicht von seiner Pflicht, Abhilfe gegen Störungen zu schaffen.

Beispiel

Lydia R. ist eine begeisterte Hobbypianistin. Zum Missfallen der übrigen Mieter übt sie dieses Hobby jedoch mit Vorliebe in den Nachtstunden aus. Reinhold O., der einem äußerst anstrengenden Beruf nachgeht und auf seine Nachtruhe bedacht ist, fordert den gemeinsamen Vermieter auf, Abhilfe zu schaffen. Der Vermieter hat alle Maßnahmen, notfalls auch gerichtliche Schritte, zu unternehmen, um das störende Verhalten von Lydia R. zu unterbinden.

3. Rechte des Mieters

Dem Mieter stehen folgende wesentliche Rechte gegenüber dem Vermieter zu:

- Benützung des Mietgegenstandes
- Recht auf Erhaltung des Mietgegenstandes (vgl dazu Kapitel V.)
- Recht auf Änderung/Verbesserung des Mietgegenstandes
- Ersatz von Aufwendungen für eine Wohnung (vgl dazu Kapitel V.)
- Recht auf Mietzinsminderung (vgl dazu Kapitel XV.4.)
- Recht auf Abwehr von Störungen
- Recht auf Wohnungstausch
- Recht auf Untervermietung der Wohnung

a) Recht auf Benützung des Mietgegenstandes – § 8 MRG

Der Hauptmieter ist grundsätzlich berechtigt, den Mietgegenstand vertragsgemäß zu gebrauchen und zu benützen. Das Benützungsrecht bestimmt sich daher nach dem Inhalt des Mietvertrages, dem Zweck des Bestandverhältnisses, dem Ortsgebrauch und der Verkehrssitte.[17] Sofern eine Hausordnung erlassen ist, kann das Benützungsrecht des Mieters durch diese ebenfalls eingegrenzt sein. Allerdings kann eine Hausordnung nicht nachträglich einseitig zulasten des Mieters abgeändert werden, außer die ändernden Maßnahmen erschweren oder gefährden die Ausübung des Mietrechts nicht wesentlich.

Nicht ausdrücklich mitvermietete Flächen können dann benützt werden, wenn der Vertragszweck ansonsten nicht zu erreichen ist, wie beispielsweise bei einem Zugang über Allgemeinflächen zum Haus. Der Mieter hat auch ein Benützungsrecht an der Außenfläche des Bestandgegenstandes, beispielsweise zur Anbringung einer Geschäftstafel, soweit

---

[17] 7 Ob 174/75

er ein berechtigtes Interesse daran hat und weder das Haus beschädigt noch ein Nachbar gestört wird.[18]

Das Benützungsrecht ist schonend auszuüben. Es darf nur ohne Verletzung der Substanz, soweit diese nicht geringfügig, wieder leicht zu beseitigen und durch den Gebrauch gerechtfertigt ist, ausgeübt werden. Weiters ist mit dem Gebrauch der Bestandsache eine allgemeine Sorgfaltspflicht verbunden.

b) Recht auf Veränderung/ Verbesserung des Mietgegenstandes – § 9 MRG

Im Nichtanwendungsbereich des MRG kommen die Bestimmungen des ABGB zum Tragen, wonach der Mieter die Bestandsache im selben Zustand wie bei der Übernahme wieder zurückzustellen hat. Änderungen können daher am Bestandobjekt nur mit Zustimmung des Vermieters vorgenommen werden. Davon ausgenommen sind nur kleinere, unwesentliche Veränderungen wie etwa die Anbringung von Handtuch- und Seifenhaltern im Bad, auch wenn diese durch Dübel in der Wand befestigt wurden.

Im Vollanwendungsbereich des MRG hingegen räumt § 9 MRG dem Mieter unter bestimmten Voraussetzungen das Recht ein, Änderungen oder Verbesserungen des Mietgegenstandes vorzunehmen. Grundsätzlich ist zwischen unwesentlichen und wesentlichen Veränderungen zu unterscheiden.

Unwesentliche Veränderungen

Unwesentliche Veränderungen bedürfen grundsätzlich nicht der Genehmigung des Vermieters; dazu zählen nur solche Veränderungen, die

- geringfügig, nicht erheblich und leicht wieder zur beseitigen sind,
- schutzwürdigen Interessen des Vermieters nicht widersprechen und

[18] 7 Ob 51/97v

- den Bestand und Wert des Mietgegenstandes nicht beeinträchtigen.

Im Falle einer unwesentlichen Veränderung besteht kein Recht des Vermieters auf Wiederherstellung.

Beispiele für unwesentliche Veränderungen:

- Verlegung von elektrischen Leitungen
- Verlegung von Wasser-, Abwasser- und Gasrohrleitungen in der Wohnung
- Malerei und Tapezierarbeiten
- unter Umständen auch Verfliesungen

Sehr häufig wird aber die Wiederherstellung des Zustandes bei Übergabe vertraglich vereinbart, was grundsätzlich auch zulässig ist. Ausnahmen bestehen jedoch bei sogenannten privilegierten Arbeiten im Sinne des § 9 Abs 2 MRG (siehe dazu unten).

Wesentliche Veränderungen

Wesentliche Veränderungen gehen über den oben angeführten Umfang hinaus. Eine Veränderung, die einer baubehördlichen Bewilligung bedarf, wird stets als eine wesentliche angesehen. Den Mieter trifft bei einer beabsichtigten wesentlichen Veränderung die Verpflichtung, die von ihm geplante Maßnahme dem Vermieter anzuzeigen. Stimmt der Vermieter ausdrücklich zu, kann die beabsichtigte Änderung oder Verbesserung durchgeführt werden. Lehnt der Vermieter nicht innerhalb von zwei Monaten nach Zugang der Anzeige die beabsichtigte Veränderung ab, so gilt seine Zustimmung ebenfalls als erteilt (Zustimmungsfiktion). Lehnt der Vermieter jedoch ab, so steht dem Hauptmieter die Möglichkeit offen, die Zustimmung des Vermieters gerichtlich durchzusetzen.

Handelt es sich nicht um privilegierte Änderungs- oder Verbesserungsarbeiten, so kann der Vermieter seine Zustimmung von der Verpflichtung des Hauptmieters zur Wiederherstellung des früheren

Zustandes bei der Zurückstellung des Mietgegenstandes abhängig machen. Lehnt der Hauptmieter die Wiederherstellungspflicht ab, kann der Vermieter nicht zur Erteilung der Zustimmung verpflichtet werden. Zu beachten ist weiters, dass hinsichtlich der meisten wesentlichen Veränderungen oder Verbesserungen eine Investitionsablösepflicht des Vermieters gemäß § 10 MRG besteht (vgl dazu Kapitel V).

Privilegierte Arbeiten – § 9 Abs 2 MRG

Nachstehende Arbeiten zählen zu den sogenannten privilegierten Arbeiten, bei denen der Vermieter seine Zustimmung und eine allenfalls erforderliche Antragstellung bei der Baubehörde nicht verweigern kann:

- die Veränderung entspricht dem Stand der Technik,
- die Veränderung entspricht der Übung des Verkehrs und dient einem wichtigen Interesse des Hauptmieters,
- die einwandfreie Ausführung der Veränderung ist gewährleistet,
- der Hauptmieter trägt die Kosten,
- durch die Veränderung ist keine Beeinträchtigung schutzwürdiger Interessen des Vermieters oder eines anderen Mieters zu befürchten,
- durch die Veränderung erfolgt keine Schädigung des Hauses, im Besonderen keine Beeinträchtigung der äußeren Erscheinung des Hauses,
- durch die Veränderung wird keine Gefahr für die Sicherheit von Personen und Sachen bewirkt.

Den Mieter trifft die Beweispflicht, dass die angestrebte Veränderung oder Verbesserung der Übung des Verkehrs und einem wichtigen Interesse des Mieters dient. Allerdings benennt das Gesetz konkrete Veränderungen oder Verbesserungen, bei denen die Übung des Verkehrs und das Vorliegen eines wichtigen Interesses des Mieters unwiderleglich vermutet werden:

- Errichtung oder Umgestaltung von Wasserleitungs-, Lichtleitungs-, Gasleitungs-, Beheizungs- oder Sanitärenanlagen

- die der Senkung des Energieverbrauches dienende Ausgestaltung eines Mietgegenstandes[19]
- Verbesserungen, die von einer Gebietskörperschaft aus öffentlichen Mitteln gefördert werden
- Einleitung eines Telefonanschlusses
- Anbringung der nach dem Stand der Technik notwendigen Antennen und sonstigen Einrichtungen für den Hörfunk- und Fernsehempfang sowie für Multimediadienste, sofern der Anschluss an eine bestehende Einrichtung nicht möglich oder nicht zumutbar ist[20]

Beispiele für privilegierte Arbeiten:

- die Modernisierung eines Badezimmers
- die Errichtung einer Kombitherme, sofern keine funktionierende Zentralheizung im Haus vorhanden ist
- die Anbringung von Thermostaten oder Isolierungen
- die Anbringung von notwendigen Antennen

Unter notwendigen Antennen sind nicht nur die herkömmlichen Zimmer- und Dachantennen zu verstehen, sondern auch solche, die nach dem Stand der Technik den Empfang von Satellitenprogrammen ermöglichen.

c) Recht auf Abwehr von Störungen

Der Mieter kann auch selbst gegen rechtswidrige Beeinträchtigungen seines Mietrechtes vorgehen. Diesbezüglich stehen ihm insbesondere die Besitzstörungsklage, die Räumungsklage und die Unterlassungsklage zu.

d) Wohnungstausch – § 13 MRG

Der Mieter kann die Zustimmung des Vermieters zu einem Wohnungstausch mit einem Dritten gerichtlich ersetzen lassen, wenn folgende Voraussetzungen vorliegen:

---

19 5 Ob 38/90

20 5 Ob 1029/91; 5 Ob 140/00z

- das Mietverhältnis besteht seit mehr als fünf Jahren,
- der Vertrag mit dem Dritten wird aus wichtigen, besonders sozialen, gesundheitlichen oder beruflichen Gründen geschlossen,
- die Mietwohnungen befinden sich im selben Gemeindegebiet,
- der Tausch dient der angemessenen Befriedigung des beiderseitigen Wohnbedürfnisses,
- dem Vermieter ist der Eintritt des Dritten in den Mietvertrag zumutbar,
- im Zeitpunkt der Antragstellung bei Gericht ist gegen den Hauptmieter weder eine gerichtliche Kündigung noch eine Klage auf Räumung der Wohnung anhängig.

Die Tauschwilligen haben die Befriedigung ihres Wohnbedürfnisses aber zunächst auf dem freien Wohnungsmarkt zu suchen.[21] Gibt das Gericht dem Antrag Folge, so gilt der Eintritt des neuen Mieters in den Mietvertrag zu dem Zeitpunkt als vollzogen, zu dem er dem Vermieter den Bezug der Wohnung anzeigt. Tritt er ein, so haften der bisherige Mieter und der neue Mieter zur ungeteilten Hand, also solidarisch, für die Verbindlichkeiten, die während der Mietzeit des bisherigen Mieters entstanden sind.

Aus Anlass des Wohnungstausches kann gegen den Vermieter kein Ersatz von Aufwendungen für die Wohnung nach § 10 MRG geltend gemacht werden. Die Bestimmung über den Wohnungstausch hat in der Praxis kaum Bedeutung erlangt.

4. Pflichten des Mieters

Neben der Zahlung des Mietzinses treffen den Mieter insbesondere folgende Pflichten:

- Pflicht zur Duldung von Eingriffen in das Mietrecht
- Anzeige bestimmter Änderungen
- Wartungs- und Erhaltungspflicht

---

[21] 5 Ob 31/84

a) Duldungspflichten des Mieters - § 8 Abs 2 MRG

Den Mieter trifft die Pflicht, eine vorübergehende Benützung und Veränderung seines Mietgegenstandes bei Vorliegen bestimmter Voraussetzungen zuzulassen:

- wenn ein solcher Eingriff in das Mietrecht zur Durchführung von Erhaltungs- oder Verbesserungsarbeiten an allgemeinen Teilen des Miethauses oder zur Behebung ernster Schäden des Hauses in seinem oder in einem anderen Mietgegenstand notwendig oder zweckmäßig ist;
- wenn ein solcher Eingriff in das Mietrecht zur Beseitigung einer von seinem oder einem anderen Mietgegenstand ausgehenden erheblichen Gesundheitsgefährdung oder zur Durchführung von Veränderungen (Verbesserungen) in einem anderen Mietgegenstand notwendig, zweckmäßig und bei Abwägung aller Interessen auch zumutbar ist.

Beispiele für Erhaltungs- und Verbesserungsarbeiten:

- Anbringung eines Bedienungsapparates einer Türschließ- und Sprechanlage in der Wohnung des Mieters
- Verstärkung einer Trennwand zwischen zwei Wohnungen
- Dachbodenausbau zur Schaffung neuer Wohnungen

Hinsichtlich der Durchführung von Erhaltungs- oder Verbesserungsarbeiten sieht das Gesetz keine Interessenabwägung vor. Ob der Mieter die vorübergehende Benützung und die dauernde Veränderung des Mietgegenstandes zuzulassen hat, ist unter Beachtung des Schonungsprinzips, wonach diese Arbeiten unter möglichster Schonung des Mietrechtes des betroffenen Mieters durchzuführen sind, zu prüfen.[22] Es besteht allerdings auch keine Mitwirkungspflicht des Mieters. Wird dieser durch die Durchführung der Arbeiten wesentlich in der Ausübung seines Mietrechts beeinträchtigt, steht ihm ein Anspruch auf angemes-

---

[22] 5 Ob 18/92; 5 Ob 240/99a

sene Entschädigung zu. Dieser Anspruch kann sich nicht nur gegen den Vermieter richten, sondern auch gegen einen anderen Mieter, sofern dieser die Arbeiten durchgeführt hat. Eine Beeinträchtigung wird dann als wesentlich betrachtet, wenn der ordentliche Gebrauch des Mietobjektes dadurch beeinflusst wird. In folgenden Fällen wurden Entschädigungsansprüche zuerkannt:

- Reinigungskosten des Bestandobjektes nach den zu duldenden Umbauarbeiten, auch wenn sie vom Mieter selbst erbracht werden
- frustrierte Mietzinsaufwendungen
- tatsächliche Übersiedlungskosten
- Schäden an Einrichtungsgegenständen

Auch sogenannte immaterielle Schäden, die also nicht unmittelbar in Geld messbar sind, werden für den Fall eines zumindest grob fahrlässigen Verstoßes gegen die Pflicht zur möglichsten Schonung des Mieters zugesprochen.[23] In der Regel handelt es sich dabei um den mit diesen Arbeiten und den einhergehenden Beeinträchtigungen verbundenen Ärger oder seelischen Druck des Mieters.

Beispiel

Igor H. erwirbt ein sanierungsbedürftiges Haus in der Absicht, dieses grundlegend zu sanieren und auf den heutigen Standard zu verbessern. Er erhofft sich dadurch wesentlich höhere Mieteinnahmen bei der geplanten Neuvermietung. Da die jetzigen Mieter – allesamt betagte Personen – nicht bereit sind, die bestehenden Mietverhältnisse zu beenden, gibt Igor H. der Baufirma den Auftrag, Schremm- und Stemmarbeiten ausschließlich in den späten Abendstunden vorzunehmen. Die 75-jährige Elisabeth M. regt sich über die damit verbundene Lärm- und Staubbelastung derartig auf, dass sie einen Kreislaufkollaps erleidet. Aufgrund der enormen Lärmbelastung treten bei ihr anhaltend starke

[23] 5 Ob 218/05b

Kopfschmerzen auf. Ihr Enkel ist Rechtsanwalt und bringt nunmehr gegen Igor H. eine Unterlassungs- und Schadenersatzklage ein. Da Igor H. offensichtlich vorsätzlich gehandelt hat, haben die beiden Klagen durchaus Aussicht auf Erfolg.

b) Anzeigepflicht hinsichtlich bestimmter Änderungen

In einer Reihe von Bestimmungen des MRG wird der Mieter verpflichtet, dem Vermieter bestimmte Sachverhalte anzuzeigen.

Die wichtigsten Anzeigeverpflichtungen im Überblick:

Ernste Schäden des Hauses

Wird die Behebung von ernsten Schäden des Hauses nötig, so ist der Hauptmieter verpflichtet, dem Vermieter dies ohne Verzug zu melden. Kommt er dieser Pflicht nicht nach, kann er schadenersatzpflichtig werden.

Veränderung oder Verbesserung des Mietgegenstandes

Der Hauptmieter hat dem Vermieter eine von ihm beabsichtigte wesentliche Veränderung oder Verbesserung des Mietgegenstandes anzuzeigen. Unterlässt er dies, verliert er zwar nicht sein Recht auf Verbesserung oder Veränderung des Mietgegenstandes, er kann sich aber auch nicht auf die in § 9 Abs 1 Satz 2 MRG enthaltene Fiktion der Zustimmung des Vermieters berufen.

Abtretung des Mietrechtes – § 12 MRG

Sowohl der bisherige Hauptmieter als auch der eintretungswillige Angehörige sind verpflichtet, die Abtretung der Hauptmietrechte dem Vermieter unverzüglich anzuzeigen.

Veräußerung und Verpachtung eines Unternehmens

Sowohl der Veräußerer als auch der Erwerber eines Unternehmens sind verpflichtet, die Unternehmensveräußerung dem Vermieter unverzüglich zu melden.

Machtwechsel

Die vertretungsbefugten Organe einer juristischen Person oder unternehmerisch tätigen Personengesellschaft sind verpflichtet, entscheidende Änderungen der rechtlichen und wirtschaftlichen Einflussmöglichkeiten dem Vermieter der Geschäftsräumlichkeiten unverzüglich anzuzeigen.

Unternehmensverpachtung

Sowohl der Hauptmieter als auch der Pächter sind verpflichtet, die Verpachtung unter Angabe der dafür vorgesehenen Dauer dem Vermieter unverzüglich anzuzeigen.

Ausstattungskategorien

Ist im Zeitpunkt des Abschlusses des Mietvertrages die Wohnung oder ein Ausstattungsmerkmal nicht brauchbar oder entspricht eine Badegelegenheit nicht dem zeitgemäßen Standard, so ist dies für die Einstufung der Wohnung im Kategoriesystem nur zu berücksichtigen, wenn der Mieter die Unbrauchbarkeit oder das Fehlen des zeitgemäßen Standards dem Vermieter angezeigt und dieser den Mangel nicht in angemessener Frist, höchstens aber binnen drei Monaten ab Zugang der Anzeige, behoben hat.

c) Wartungs- und Instandhaltungspflicht des Mieters – § 8 Abs 1 Satz 2 MRG

Den Mieter trifft die Verpflichtung, den Mietgegenstand und die für den Mietgegenstand bestimmten Einrichtungen, wie im Besonderen die Lichtleitungs-, Gasleitungs-, Wasserleitungs-, Beheizungs- und Sanitäranlagen so zu warten und, soweit es sich nicht um die Behebung von ernsten Schäden des Hauses oder um die Beseitigung einer erheblichen Gesundheitsgefährdung handelt, so in Stand zu halten, dass dem Vermieter und den anderen Mietern des Hauses kein Nachteil erwächst.

V. Kapitel Erhaltungs- und Verbesserungspflichten des Vermieters

Den Vermieter treffen eine Reihe von Erhaltungs- und Verbesserungspflichten. Da in der Praxis diesbezüglich häufig Unklarheiten bestehen, wird mit Hilfe einer Reihe von Beispielen die Einordnung einer Maßnahme unter die Erhaltungs- und Verbesserungspflichten erleichtert.

1. Erhaltungspflicht

a) Teil- und Nichtanwendungsbereich des MRG

Im Vollanwendungsbereich des MRG kommt hinsichtlich der Erhaltungspflicht des Vermieters § 3 MRG, im Teil- und Nichtanwendungsbereich § 1096 ABGB zur Anwendung. Zu den wesentlichen Pflichten eines Vermieters gehört gemäß § 1096 ABGB neben der Übergabe des Bestandobjektes in brauchbarem Zustand und dem Schutz des Bestandnehmers vor Störungen insbesondere die Erhaltung der übergebenen Bestandsache. Grundsätzlich trifft den Vermieter eine relativ strenge Erhaltungspflicht, die allerdings durch Parteienvereinbarung abdingbar ist. Derartige Vereinbarungen sind an der Sittenwidrigkeit zu messen, was bedeutet, dass diese dann nichtig sind, wenn der Mieter beispielsweise gröblich benachteiligt wird.

Durch die Bestimmung des § 1096 ABGB wird dem Vermieter eine uneingeschränkte Erhaltungspflicht auferlegt. Der Vermieter kann aber trotz dieser strengen Erhaltungspflicht nicht zur Vornahme unwirtschaftlicher Erhaltungsarbeiten verhalten werden.

Beispiele für Erhaltungsarbeiten, die der Vermieter vorzunehmen hat:

- Wiederherstellung der Wasserversorgung der Wohnung eines Mieters
- Trockenlegung der Außenmauern eines Hauses durch Horizontalisolierung
- Instandhaltung allgemeiner Teile des Hauses wie beispielsweise der Kellertreppe
- Instandsetzung eines Aufzuges

Der wesentliche Unterschied zur mietrechtlichen Bestimmung des § 3 MRG liegt darin, dass im Teil- und Nichtanwendungsbereich die Erhaltungspflicht des Vermieters vertraglich auf den Mieter überwälzt werden kann, wobei wiederum die Grenze im Bereich der Sittenwidrigkeit anzusiedeln ist. Hat sich also der Mieter vertraglich verpflichtet, das Bestandobjekt einschließlich der mit übergebenen Gegenstände auf seine Kosten in gutem Zustand zu erhalten, so fallen nach der Judikatur darunter nicht nur Ausbesserungen oder Instandsetzungen, sondern auch der Ersatz bzw die Erneuerung eines schuldlos schadhaft gewordenen Inventargegenstands. Wurde die Instandhaltungspflicht vertraglich auf den Mieter überwälzt, so erstreckt sich diese Pflicht aber nur auf die Erhaltung und Wiederherstellung des bei Übergabe tatsächlich gegebenen Zustands des Bestandobjekts und nicht auf die Herstellung eines verbesserten Zustandes.

b) Vollanwendungsbereich des MRG

Im Vollanwendungsbereich des MRG wird die Erhaltungspflicht in § 3 MRG relativ zwingend geregelt. Von diesen Bestimmungen darf nur zugunsten des Mieters einvernehmlich abgegangen werden, ein Vorausverzicht auf die einem Mieter gemäß § 3 MRG zustehenden Rechte ist unwirksam.

Inwieweit der Vermieter zur Erhaltung von Mietgegenständen verpflichtet ist, ergibt sich aus § 3 MRG:

„Der Vermieter hat nach Maßgabe der rechtlichen, wirtschaftlichen und technischen Gegebenheiten und Möglichkeiten dafür zu sorgen, dass das Haus, die Mietgegenstände und die der gemeinsamen Benützung der Bewohner des Hauses dienenden Anlagen im jeweils ortsüblichen Standard erhalten und erhebliche Gefahren für die Gesundheit der Bewohner beseitigt werden."

Was unter „ortsüblichem Standard" verstanden werden kann, ergibt sich großteils aus den jeweils geltenden Bauvorschriften, im Streitfall wird die Einholung eines Sachverständigengutachtens unumgänglich sein. Kommt es zu Änderungen der Bauvorschriften und müssen Mietgegenstände an die neu geltenden baurechtlichen Regelungen angepasst werden, sind die dadurch entstehenden Kosten als Erhaltungsaufwand zu qualifizieren.

c) Erhaltungsarbeiten im Einzelnen

Die vom Vermieter zu erbringenden Erhaltungsarbeiten sind im Gesetz abschließend geregelt. Dies bedeutet, dass der Vermieter ausschließlich zu den dort genannten Erhaltungsarbeiten verpflichtet ist, soll ihn eine weitergehende Erhaltungspflicht treffen, muss dies vertraglich gesondert vereinbart werden.

Allgemeine Teile des Hauses

Die Erhaltungspflicht des Vermieters umfasst die Arbeiten, die zur Erhaltung der allgemeinen Teile des Hauses erforderlich sind. Darunter werden jene Teile des Hauses verstanden, die nicht einem einzigen oder einer begrenzten Anzahl von Mietgegenständen ausschließlich zugeordnet sind. Dazu gehören beispielsweise:

- Fassaden
- Außenfenster und Außentüren
- Außenjalousien und Rollläden
- Stiegenhaus und Dachflächen
- Ver- und Entsorgungsleitungen, Rauchfänge
- Gegensprech- und Schließanlagen

Mietgegenstände

Eine Erhaltungspflicht des Vermieters hinsichtlich der einzelnen Mietgegenstände ist nur gegeben, soweit es sich um die Behebung von ernsten Schäden des Hauses oder um die Beseitigung einer erheblichen Gesundheitsgefährdung handelt. Arbeiten innerhalb einer Wohnung sind demnach grundsätzlich vom Mieter und nur in Ausnahmefällen vom Vermieter vorzunehmen. Ebenso zur Erhaltungspflicht zählt das Gesetz Aufwendungen, die zur Brauchbarmachung eines Mietgegenstandes vor dessen Übergabe notwendig sind.

Ein ernster Schaden des Hauses, der die Erhaltungspflicht des Vermieters nach sich zieht, liegt dann vor, wenn dadurch die ordentliche Benützung des Mietgegenstandes unmöglich ist. Schäden oder Mängel, die ohne besonderen Aufwand beseitigt werden können bzw keine Auswirkungen auf die Bausubstanz haben, fallen nicht unter die Erhaltungspflicht des Vermieters.

Der Tatbestand der erheblichen Gesundheitsgefährdung als Auslöser der Erhaltungspflicht des Vermieters wurde durch die Wohnrechtsnovelle 2006 neu eingefügt. Voraussetzung ist, dass die Gesundheitsgefährdung ihren Ursprung in der Beschaffenheit des Mietgegenstandes selbst hat, wie beispielsweise eine fehlende Feuchtigkeitsisolierung und daraus resultierende massive Schimmelbildung. Weiters ist bei der Beurteilung, ob eine erhebliche Gesundheitsgefährdung vorliegt, auf einen objektiven Maßstab abzustellen, Hypersensibilitäten oder Allergien eines einzelnen Mieters sind unbeachtlich. Erhaltungsarbeiten zur Beseitigung einer erheblichen Gesundheitsgefährdung können dem Vermieter nur aufgetragen werden, wenn sich die Gesundheitsgefährdung nicht durch andere, den Bewohnern des Hauses zumutbare Maßnahmen abwenden lässt. So wurde von der Judikatur das Laufenlassen von Wasser über einen kurzen Zeitraum (zur Ausschwemmung von Bleirückständen oder Ähnlichem) als zumutbar angesehen.

Als ernste Schäden am Mietgegenstand und somit der Erhaltungspflicht des Vermieters unterliegend gelten beispielsweise:

- Schimmel, der in das Mauerwerk eingedrungen ist und nicht durch Neuanstrich mit desinfizierender Farbe beseitigt werden kann
- Fußbodenschäden, wenn sie zu einer vollständigen oder weitgehenden Erneuerung desselben führen
- Feuchtigkeitsschäden an Wänden oder Fußböden, wenn damit die Gefahr der Durchfeuchtung des Mauerwerks verbunden ist
- fehlerhafte Elektro-, Gas- und Wasserleitungen, wenn damit die Gefahr von Explosionen, Feuer oder die Bausubstanz bedrohenden „Weiterfresserschäden“ verbunden ist

Nicht als ernste Schäden und daher nicht unter die Erhaltungspflicht des Vermieters fallend gelten:

- schadhafte Türschlösser
- defekte Durchlauferhitzer, Elektroboiler
- defekte Heizthermen (beachte aber dazu § 10 MRG – Investitionsersatz)
- Unbrauchbarkeit einer Etagenheizung
- oberflächliche Schimmelbildung in Fliesenfugen
- Risse an den Wohnungswänden, soweit es sich dabei um rein optische Probleme handelt, die durch Übermalen behoben werden können

Gemeinschaftsanlagen

Die Erhaltungspflicht des Vermieters umfasst auch Wiederherstellungs- und Reparaturarbeiten, die zur Aufrechterhaltung des Betriebes von bestehenden Gemeinschaftsanlagen notwendig sind. Darunter werden Anlagen verstanden, die der gemeinsamen Benützung der Bewohner dienen, beispielsweise zentrale Wärmeversorgungsanlagen, Personenaufzüge, zentrale Waschküchen oder eine Fahrradabstelleinrichtung. Ob auch wirklich alle Bewohner die Anlage in Anspruch nehmen, ist nicht von Bedeutung, vielmehr kommt es darauf an, dass grundsätzlich jeder Mieter die Möglichkeit hat, die Gemeinschaftsanlage gegen Beteiligung an den Betriebskosten zu benutzen.

Beispiele:

- seit Jahrzehnten defekter Lift → keine Erhaltungspflicht des Vermieters, da es sich um keine „bestehende“ Gemeinschaftsanlage handelt
- Parkgarage → kann Gemeinschaftsanlage sein, soweit die Benützung allen Mietern offensteht
- durchgerosteter Heizkörper → fällt unter den Begriff einer „zentralen Wärmeversorgungsanlage“ und daher unter die Erhaltungspflicht des Vermieters

Eine Erhaltungspflicht des Vermieters besteht nicht, wenn sämtliche Mieter der Liegenschaft auf die Nutzung der Gemeinschaftsanlage verzichten. Ist die Erhaltung einer bestehenden Anlage unter Bedachtnahme auf die Kosten der Errichtung und des Betriebes einer vergleichbaren neuen Anlage nicht vertretbar, so ist anstelle der Erhaltung der bestehenden Anlage eine vergleichbare neue Anlage zu errichten. So zB wenn statt der unrentablen Reparatur einer veralteten Schaukelanlage aus Metall eine etwas größere aus Holz gefertigte angeschafft wird.

Maßnahmen aufgrund öffentlich-rechtlicher Verpflichtungen

Werden aufgrund öffentlich-rechtlicher Verpflichtungen (zB Bauvorschriften) Neueinführungen oder Umgestaltungen vorgenommen, sind die anfallenden Kosten vom Vermieter zu tragen.

Beispiele:

- Anschluss an Wasserleitung oder Kanalisierung
- Schutzvorrichtungen für die Energieversorgung
- Installation von Strom- und Gaszählern

Energiesparende Maßnahmen

Die Installation von energiesparenden Gemeinschaftseinrichtungen oder die der Senkung des Energieverbrauchs sonst dienende Ausgestaltung des Hauses ist nur dann von der Erhaltungspflicht des Vermieters erfasst, wenn die Kosten der Energiesparmaßnahmen in einem wirtschaftlich vernünftigen Verhältnis zum allgemeinen Erhaltungszustand des Hauses und den zu erwartenden Einsparungen stehen. Sind diese Voraussetzungen gegeben, fallen darunter alle Maßnahmen, die im weitesten Sinne dazu dienen, Energie zu sparen.

Beispiele:

- verbesserte Wärmedämmung durch Isolierung einer Fassade
- Zeitschalteinrichtung für Gangbeleuchtung

Messvorrichtungen zur Verbrauchsermittlung

Die Erhaltungspflicht des Vermieters umfasst schließlich die Installation oder Miete von Verbrauchszählern wie beispielsweise Messvorrichtungen zur Ermittlung des Kaltwasserverbrauchs. Dies nur unter der Voraussetzung, dass eine zulässige Vereinbarung gemäß § 17 Abs 1a MRG über die verbrauchsabhängige Aufteilung bestimmter Bewirtschaftungskosten abgeschlossen wurde.

Vorrichtungen für die Messung von Heiz- und Warmwasserkosten werden von dieser Regelung nicht erfasst, da sie dem Anwendungsbereich des Heizkostengesetzes unterliegen.

Arbeiten im Zusammenhang mit Erhaltungsarbeiten

Arbeiten, die Maßnahmen der Erhaltung vorbereiten, begleiten oder nachfolgen, sind den eigentlichen Erhaltungsarbeiten gleichgestellt und daher vom Vermieter zu bezahlen.

Beispiele:

- Schuttabfuhr nach Abschlagen des Putzes
- Wiederherstellung der Malerei, Tapezierung oder Verfliesung nach der Reparatur eines Wasserrohrbruches
- Färbelung der gesamten Fassade nach Behebung von mehreren kleinen Fassadenschäden[24]

d) Kosten der Erhaltung

Zur Finanzierung der Erhaltungsarbeiten sind zunächst die Mietzinsreserven der letzten zehn Jahre einschließlich der Zuschüsse, die aus Anlass der Durchführung einer Erhaltungsarbeit gewährt werden, heranzuziehen. Reichen diese Beträge zur Deckung der Kosten aller unmittelbar bevorstehenden Erhaltungsarbeiten nicht aus, gilt Folgendes:

Zur Berechnung der Kostendeckung sind die zu erwartenden oder anrechenbaren Hauptmietzinse (einschließlich eines allfällig erhöhten

[24] 5 Ob 238/08y

Erhaltungspflicht des Vermieters

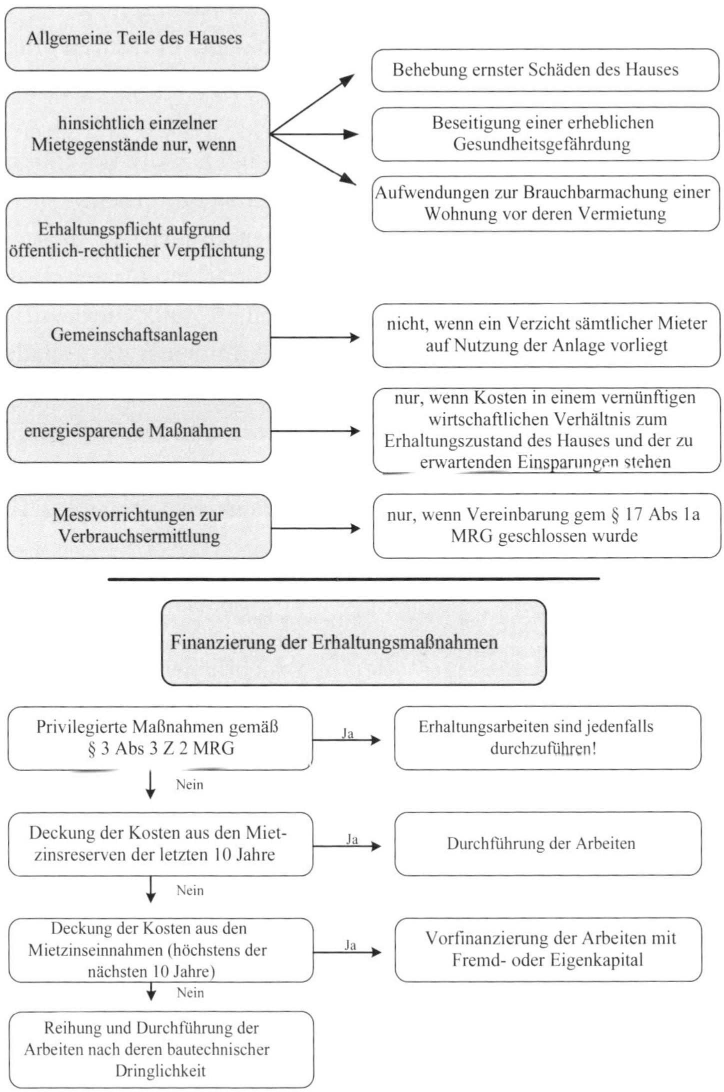

Hauptmietzinses – § 18 MRG) heranzuziehen. Der anzusetzende Zeitraum richtet sich nach der wiederkehrenden Notwendigkeit der Vornahme derartiger Erhaltungsarbeiten, er darf jedoch höchstens zehn Jahre betragen. Sind danach die Kosten über diesen Zeitraum gedeckt, so hat der Vermieter hinsichtlich des nach Abzug der erzielten Mietzinsreserven der letzten zehn Jahre ungedeckt verbleibenden Kostenanteils eigenes oder fremdes Kapital aufzuwenden. Die anfallenden Kreditzinsen, wie auch die entgangenen Habenzinsen bei Einsatz von Eigenkapital können als Erhaltungsaufwand geltend gemacht werden.

Können die Kosten aller Erhaltungsarbeiten auch auf diese Weise nicht gedeckt werden, so sind die Erhaltungsarbeiten nach Maßgabe ihrer bautechnischen Dringlichkeit zu reihen und durchzuführen. Daneben nennt das Gesetz aber einige Fälle, in denen die Erhaltungsmaßnahmen in jedem Fall durchgeführt werden müssen, unabhängig davon, ob sie Deckung in der Mietzinsreserve und zukünftigen Mietzinseinnahmen finden. Diese privilegierten Arbeiten sind ungeachtet einer fehlenden Wirtschaftlichkeit vorzunehmen, also auch wenn für das Gebäude bereits ein Abbruchauftrag vorliegt.

Zu diesen privilegierten Arbeiten gehören:

- Arbeiten, die kraft eines öffentlich-rechtlichen Auftrages vorzunehmen sind
- Arbeiten zur Behebung von Baugebrechen, die die Sicherheit von Personen oder Sachen gefährden
- Arbeiten zur Aufrechterhaltung des Betriebes bestehender Wasser-, Licht- und Gasleitungen, Beheizungs-, Kanalisations- und sonstiger sanitärer Anlagen

e) Nicht vom MRG erfasste Erhaltungsarbeiten

Eine Überwälzung der Erhaltungspflicht auf den Mieter hinsichtlich der in § 3 MRG genannten Erhaltungsarbeiten ist unzulässig. Zu beachten ist jedoch, dass nicht jede Erhaltungsmaßnahme vom Vermieter vorgenommen werden muss, dass also Bereiche denkbar sind, bei denen weder der Mieter noch der Vermieter verpflichtet ist, Erhaltungsmaßnahmen zu setzen. So hat der OGH ausgesprochen, dass im Vollanwendungsbereich des MRG sowie im Geltungsbereich des § 14a WGG keine gesetzliche Erhaltungspflicht des Vermieters für eine mitvermietete Heiztherme besteht. Wenn der Mieter die schadhaft gewordene Heiztherme auf eigene Kosten erneuert, hat er daher keinen (sofort fälligen) Anspruch auf Aufwandersatz nach § 1097 ABGB. Der Mieter ist aber gem § 8 MRG ebenfalls nicht zum Austausch verpflichtet. Es steht ihm während des Ausfalls der Heiztherme allerdings ein Zinsminderungsrecht für die sich daraus ergebenden Gebrauchseinschränkungen zu.[25] Dies betrifft insbesondere die Erhaltungsarbeiten innerhalb des Mietgegenstandes, soweit kein ernster Schaden des Hauses oder eine Gesundheitsgefährdung droht.

Wird keine Erhaltungsvereinbarung getroffen und wird die Wohnung in Folge mangelhaft, kann sich ein Mietzinsminderungsanspruch des Mieters gemäß § 1096 ABGB ergeben. Unabhängig von einer etwaigen Vereinbarung bleibt im Gegenzug auch die Verpflichtung des Mieters aufrecht, den Mietgegenstand soweit instand zu halten, dass dem Vermieter und den anderen Mietern des Hauses kein Nachteil erwächst.

2. Verbesserungspflicht – § 4 MRG

a) Allgemeines

Im Vollanwendungsbereich des MRG hat der Vermieter nützliche Verbesserungen des Hauses oder einzelner Mietgegenstände nach Maßgabe der rechtlichen, wirtschaftlichen und technischen Gegebenheiten und Möglichkeiten durchzuführen, soweit dies im Hinblick auf den allgemeinen Erhaltungszustand des Hauses zweckmäßig ist. Nützlichen Verbesserungen des Hauses kommt dabei der Vorrang vor nützlichen Verbesserungen einzelner Mietgegenstände zu.

---

25 5 Ob 17/09z; 9 Ob 57/08k

b) Verbesserungsarbeiten

Eine Verbesserungsarbeit zielt darauf ab, aus dem bestehenden Zustand einen besseren und vorteilhafteren zu machen. Eine Beurteilung, ob im Einzelfall eine Verbesserungsarbeit vorliegt, kann nur unter Berücksichtigung aller Umstände vorgenommen werden. Gemäß § 4 Abs 2 MRG geltend als nützliche Verbesserungen:

- Neuerrichtung oder Umgestaltung von Wasserleitungs-, Lichtleitungs-, Gasleitungs-, Beheizungs- (einschließlich zentrale Wärmeversorgungsanlagen), Kanalisations- und sanitären Anlagen in normaler Ausstattung
- Errichtung oder Ausgestaltung einer der gemeinsamen Benützung der Bewohner dienenden, einer zeitgemäßen Wohnkultur entsprechenden sonstigen Anlage wie beispielsweise Personenaufzüge, zentrale Waschküchen oder Hobbyräume
- Maßnahmen, die eine dem jeweiligen Stand der Technik entsprechende Erhöhung der Schalldämmung bewirken, wie die Verbesserung der Schalldämmung von Fenstern, Außentüren, Außenwänden, Dächern, Kellerdecken und obersten Geschoßdecken
- Errichtung einer Anlage, die den Anschluss des Hauses samt den einzelnen Mietgegenständen an eine Einrichtung zur Fernwärmeversorgung bewirkt
- Installation einer Wasserentnahmestelle oder eines Klosetts im Inneren eines Mietgegenstandes
- bautechnische Umgestaltung eines Mietgegenstandes, insbesondere einer Mietwohnung der Ausstattungskategorie D oder C in eine Mietwohnung der Ausstattungskategorie C, B oder A (Standardanhebung)

Zur Duldungspflicht des Mieters im Zusammenhang mit Verbesserungen des Mietgegenstandes siehe die Ausführungen in Kapitel IV.4.a.

Der Vermieter ist weiters verpflichtet, auf Antrag auch nur eines Mieters im Miethaus einen dem Stand der Technik entsprechenden Behindertenaufzug zu errichten, wenn und soweit eine solche Maßnahme bei billiger Abwägung aller Interessen dem Vermieter auch zumutbar ist. Die Kosten der Herstellung und Erhaltung dieser Anlage hat der antragstellende Mieter dem Vermieter zu ersetzen. Kann der Mieter diese Kosten nicht tragen, kann sich der Vermieter auf das Vorliegen der Unzumutbarkeit der Errichtung berufen.

c) Finanzierung

Die Finanzierung dieser Arbeiten erfolgt aus der Mietzinsreserve der letzten zehn Jahre, soweit Erhaltungsarbeiten nicht erforderlich sind oder sichergestellt ist, dass hiermit auch die erforderlichen Erhaltungsarbeiten in einem Zuge durchgeführt werden können. Eine weitere Möglichkeit der Finanzierung besteht in einer Einigung zwischen Vermieter und der Mehrheit der Mieter des Hauses. Diese schriftlich zu treffende Vereinbarung hat zu enthalten:

- Einigung über die Durchführung der Verbesserungsarbeiten,
- Einigung über die Finanzierung der durch die Mietzinsreserve der letzten zehn Jahre nicht gedeckten Kosten,
- Sicherstellung, dass die übrigen (nicht zustimmenden) Mieter des Hauses durch die Verbesserungsarbeiten finanziell nicht belastet und auch sonst nicht übermäßig beeinträchtigt werden.

Eine Verpflichtung der Mieter zum Abschluss dieser Vereinbarung besteht jedoch nicht. Nützliche Verbesserungen im Inneren eines Mietgegenstandes bedürfen überdies der Zustimmung des Hauptmieters. Weigert sich der Mieter, nützliche Verbesserungsarbeiten durchführen zu lassen oder selbst durchzuführen, so besteht bei Vorliegen einer Wohnung der Ausstattungskategorie D die Möglichkeit der Kündigung desselben gemäß § 30 Abs 2 Z 16 MRG, wenn eine Ersatzwohnung beschafft wird.

3. Gerichtlicher Auftrag zur Durchführung von Erhaltungs- oder Verbesserungsarbeiten - Strafsanktionen

a) Gerichtlicher Auftrag

Unterlässt der Vermieter durchzuführende Erhaltungs- oder Verbesserungsarbeiten, so hat ihm das Gericht oder die Schlichtungsstelle gemäß § 6 MRG auf Antrag die Vornahme der Arbeiten binnen angemessener, ein Jahr nicht übersteigender Frist aufzutragen. Zur Antragstellung sind berechtigt:

- die Gemeinde, in der das Haus gelegen ist, im eigenen Wirkungsbereich
- jeder Hauptmieter des Hauses hinsichtlich der in § 3 Abs 2 Z 1 bis 4 und 6 MRG genannten Erhaltungsarbeiten (das sind Arbeiten zur Erhaltung der allgemeinen Teile des Hauses, der Mietgegenstände, der Gemeinschaftsanlagen, zur Behebung ernster Schäden des Hauses, zur Beseitigung von Gesundheitsgefährdungen oder Übergabe des Mietgegenstandes in brauchbarem Zustand und Erhaltungsarbeiten kraft öffentlich-rechtlicher Verpflichtungen)
- die Mehrheit der Hauptmieter des Hauses hinsichtlich der im § 3 Abs 2 Z 5 genannten Erhaltungsarbeiten (energiesparende Maßnahmen) und der nützlichen Verbesserungen (siehe oben)

Gegen den Auftrag zur Vornahme privilegierter Arbeiten (Arbeiten, die kraft eines öffentlich-rechtlichen Auftrages vorzunehmen sind, Arbeiten zur Behebung von Baugebrechen, die die Sicherheit von Personen oder Sachen gefährden sowie Arbeiten zur Aufrechterhaltung des Betriebes bestehender Wasser-, Licht und Gasleitungen, Beheizungs-, Kanalisations- und sonstiger sanitärer Anlagen) hingegen stehen dem Vermieter praktisch keine Einwendungen zu. Die Wirtschaftlichkeit derartiger Arbeiten ist nicht zu prüfen.

Der in Rechtskraft erwachsene Auftrag zur Durchführung von Erhaltungs- oder Verbesserungsarbeiten stellt einen Exekutionstitel dar, der nach dem fruchtlosen Ablauf der zur Vornahme der Arbeiten bestimmten Frist jeden Mieter des Hauses und die Gemeinde im eigenen Wirkungsbereich dazu berechtigt, den Antrag auf Bestellung eines Zwangsverwalters zu stellen. Dieser wird vom Gesetz mit wesentlichen Befugnissen ausgestattet:

- Aufnahme eines Hypothekardarlehens gegen angemessene Verzinsung
- Abtretung der Hauptmietzinse
- die Übernahme einer Bürgschaft durch eine Gebietskörperschaft anzustreben
- alle erforderlichen Urkunden zu zeichnen
- die grundbücherliche Sicherstellung auf der Liegenschaft, an der die Arbeit vorgenommen werden soll, durchzuführen

Auf Antrag steht ihm auch die Befugnis zur Verwaltung der in den vorausgegangenen zehn Kalenderjahren erzielten Mietzinsreserven zu. Um diese Aufgabe erfüllen zu können, wird ihm das Recht eingeräumt, die Herausgabe der Mietzinsreserven an ihn binnen 14 Tagen bei sonstiger Exekution zu fordern.

Vordringliche Aufgabe des Zwangsverwalters ist es, die notwendigen Erhaltungs- und Verbesserungsarbeiten durchzuführen.

Die Zwangsverwaltung wird eingestellt, wenn

- die aufgetragenen Arbeiten durchgeführt sind,
- das dafür aufgenommene Kapital getilgt ist,
- die aufgetragenen Arbeiten wegen mangelnder Finanzierbarkeit oder aus sonst unüberwindbaren Hindernissen nicht durchgeführt werden konnten,
- der Vermieter nachweist, dass er die aufgetragenen Arbeiten selbst durchführen und finanzieren wird,

- nach Durchführung der aufgetragenen Arbeiten und Aufnahme des erforderlichen Kapitals durch den Zwangsverwalter der Kreditgeber oder, wenn eine Gebietskörperschaft die Bürgschaft übernommen hat, diese der Einstellung zustimmen.

b) Sanktionen

Ein Vermieter oder ein von diesem mit der Vermietung oder Verwaltung des Mietgegenstands Beauftragter, der dem Vermieter mit vollstreckbarer Entscheidung aufgetragene Erhaltungsarbeiten nicht oder nur mit ungerechtfertigter Verzögerung durchführt oder durchführen lässt und dadurch den Mieter erheblich und nachhaltig im Gebrauch des Mietgegenstands beeinträchtigt, ist vom Gericht mit Freiheitsstrafe bis zu sechs Monaten oder mit Geldstrafe bis zu 360 Tagessätzen zu bestrafen.

4. Ersatz von Aufwendungen auf eine Wohnung – § 10 MRG

a) Nicht- und Teilanwendungsbereich des MRG

Im Nicht- bzw Teilanwendungsbereich des MRG kommt § 1097 Satz 2 ABGB zum Tragen, wobei der Mieter als ein Geschäftsführer ohne Auftrag betrachtet wird, wenn er auf das Bestandobjekt einen den Bestandgeber obliegenden Aufwand (§ 1036 ABGB) oder einen nützlichen Aufwand (§ 1037 ABGB) gemacht hat. Der Mieter hat Anspruch auf Ersatz gemäß § 1037 ABGB, wenn diese Arbeiten bei Beendigung des Bestandverhältnisses zum klaren und überwiegenden Vorteil des Bestandgebers erbracht worden sind. Ein Verzicht auf Ansprüche nach den §§ 1097, 1037 ABGB ist wirksam. Eine derartige Verzichtsklausel wird von der Judikatur nicht als ungewöhnlich angesehen.

Der Mieter kann den Ersatz seiner nützlichen Aufwendungen für das Bestandobjekt vom Vermieter in der Regel erst dann begehren, wenn das Bestandverhältnis bereits beendet ist, da erst dann feststeht, ob diese Aufwendungen überhaupt noch wirksam sind und daher zum klaren und überwiegenden Vorteil des Vermieters erbracht wurden. Die Ansprüche des Mieters müssen längstens binnen sechs Monaten nach Zurückstellung des Bestandgegenstandes gerichtlich gefordert werden, sonst erlischt der Ersatzanspruch des Mieters.

b) Vollanwendungsbereich des MRG

Der Hauptmieter einer Wohnung, der Aufwendungen zur wesentlichen Verbesserung gemacht hat, die über die Mietdauer hinaus wirksam und von Nutzen sind, oder der solche Aufwendungen dem Vormieter oder dem Vermieter abgegolten hat, hat bei Beendigung des Mietverhältnisses Anspruch auf Ersatz dieser Aufwendungen. Der Aufwandersatzanspruch richtet sich stets gegen den Vermieter. Allerdings ist es zulässig, dass der Vermieter und der Mieter vereinbaren, dass Letzterer seine Aufwendungen oder Investitionen direkt mit dem Nachmieter verrechnet. Voraussetzungen des Ersatzanspruches sind daher:

- der Aufwand muss in den letzten 20 Jahren vor der Beendigung des Mietverhältnisses in der gemieteten Wohnung getätigt worden sein,
- die Aufwendungen müssen über die Mietdauer hinaus wirksam und von Nutzen sein,
- der Vermieter hat nicht berechtigterweise seine Zustimmung zu den Aufwendungen verweigert,
- es liegt keine Verpflichtung zur Wiederherstellung des früheren Zustandes vor,
- der Hauptmieter hat die Änderung rechtzeitig angezeigt.

Der Anspruch auf Ersatz der Aufwendungen ist dem Vermieter vom Hauptmieter unter Vorlage von Rechnungen schriftlich anzuzeigen. Dabei sind folgende Fristen einzuhalten:

- bei einvernehmlicher Auflösung des Mietverhältnisses spätestens 14 Tage nach Abschluss der Auflösungsvereinbarung,

- bei Aufkündigung des Mietverhältnisses durch den Hauptmieter spätestens 14 Tage nach Zustellung der Aufkündigung an den Vermieter,
- in allen übrigen Fällen binnen einer Frist von zwei Monaten ab Eintritt der Rechtskraft des Räumungstitels, bei früherer Zurückstellung des Mietgegenstandes jedoch spätestens mit der Zurückstellung.

Entspricht die Anzeige des Ersatzanspruches in Form oder Inhalt nicht diesen Bestimmungen, so hat der Vermieter den Mieter zur Verbesserung des Mangels binnen einer Frist von mindestens 14 Tagen aufzufordern. Kommt der Mieter einer solchen Aufforderung nicht fristgerecht nach, verliert er den Ersatzanspruch.

Gerichtlich kann der Anspruch vom Hauptmieter nur dann geltend gemacht werden, wenn er innerhalb von sechs Monaten nach der Zurückstellung des Mietgegenstandes dem Vermieter einen Mieter namhaft macht, der bereit ist, den Ersatzanspruch zu befriedigen und in weiterer Folge die Wohnung zu benützen und den zulässigen Mietzins zu bezahlen. Ob es tatsächlich zu einem Vertragsabschluss kommt, ist in diesem Zusammenhang unbeachtlich.

Kann der Hauptmieter keinen Nachmieter namhaft machen, so kann er den Ersatzanspruch nur gerichtlich geltend machen, wenn der Vermieter den Mietgegenstand sonst vermietet oder verwertet hat, wenn er ihn also beispielsweise selbst benützt.

c) Höhe des Ersatzanspruches

Die Höhe des Anspruchs auf Ersatz der vom Hauptmieter getätigten Aufwendungen wird um eine jährliche Abschreibung vermindert. Ersatzfähig ist daher nur der Zeitwert der Aufwendungen zum Zeitpunkt der Beendigung des Mietvertrages. Die Abschreibung für jedes vollendete Jahr ist gestaffelt. So beträgt sie für jedes vollendete Jahr ein Zehntel der Aufwendungen für:

- die Errichtung und Umgestaltung von Wasserleitungs-, Lichtleitungs-, Gasleitungs-, Beheizungs- oder Sanitäranlagen in normaler und dem jeweiligen Stand entsprechender Ausstattung
- die Erneuerung einer bei Beginn des Mietverhältnisses vorhandenen, aber schadhaft gewordenen Heiztherme oder eines solchen Warmwasserboilers
- die gänzliche Erneuerung eines schadhaft gewordenen Fußbodens in einer dem sonstigen Ausstattungszustand der Wohnung entsprechenden Ausführung der Wohnung

Bei sonstigen Aufwendungen beträgt die Staffelung für jedes vollendete Jahr ein Zwanzigstel. Wurden die vorgenommenen Aufwendungen von einer Gebietskörperschaft aus öffentlichen Mitteln gefördert, berechnet sich das Ausmaß der Abschreibung aus der Laufzeit der Förderung.

d) Ersatzfähige Aufwendungen

Neben den bereits oben dargestellten zählt das Gesetz weiters zu den ersatzfähigen Aufwendungen:

- die Vereinigung und Umgestaltung der Wohnung mit der zur Zumietung angebotenen Nachbarwohnung in normaler Ausstattung (Standardanhebung)
- andere gleich wesentliche Verbesserungen, insbesondere solche, die von einer Gebietskörperschaft aus öffentlichen Mitteln gefördert worden sind

Kein Ersatzanspruch für Aufwendungen besteht bei bloßen Verschönerungsarbeiten wie Ausmalen, Tapezieren oder Ähnlichem, bei Einbaumöbeln sowie bei Eigenleistungen des Mieters.

e) Rechtliche Auswirkungen der Abgeltung des Ersatzanspruches

Befriedigt der Vermieter die Ansprüche des früheren Mieters und begehrt er den Ersatz des von ihm geleisteten Betrages vom neuen Mieter oder befriedigt der neue Mieter den berechtigten Ersatzanspruch des früheren Mieters direkt, ist die abgegoltene Aufwendung bei der Bemessung des vom neuen Mieter zu entrichtenden Mietzinses nicht zu berücksichtigen. Dies bedeutet, dass bei einer durch die Investition erfolgten Standardanhebung nur der Mietzins der früheren Kategorie verlangt werden kann.

Verlangt der Vermieter vom neuen Mieter jedoch keinen Ersatz, so sind die Bestimmungen über den höchst zulässigen Hauptmietzins uneingeschränkt anwendbar. Weiters kann der Vermieter in diesem Fall den von ihm an den früheren Mieter geleisteten Betrag als Ausgabe in der Hauptmietzinsabrechnung ausweisen.

f) Verzicht auf den Ersatz von Aufwendungen

Im Vollanwendungsbereich des MRG kann der Hauptmieter im Voraus nicht auf den Ersatzanspruch rechtswirksam verzichten, während ein Verzicht auf den Ersatz von Aufwendungen nach § 1097 ABGB grundsätzlich auch im Vorhinein zulässig ist. Hinsichtlich des notwendigen Aufwandes ist dies allerdings nur insoweit möglich, als auch eine von § 1096 ABGB abweichende Instandhaltungsregelung vereinbart werden könnte.

VI. Kapitel Haupt- und Untermietverhältnisse

Wann ist ein Mieter als Untermieter oder Scheinuntermieter zu behandeln? Dieses Kapitel gibt darauf die Antwort.

1. Hauptmiete - § 2 Abs 1 MRG

Ob Hauptmiete oder Untermiete vorliegt, wird danach bestimmt, wer als Vermieter auftritt. Wird der Mietvertrag mit

- dem Eigentümer der Liegenschaft,
- dem Wohnungseigentümer,
- einem oder mehreren Mieteigentümern der Liegenschaft (Mehrheit der Miteigentumsanteile erforderlich),
- dem dinglich oder obligatorisch berechtigten Fruchtnießer der Liegenschaft,
- dem Mieter oder Pächter eines ganzen Hauses,
- den Eigentümern der Liegenschaft, wenn am Mietgegenstand Wohnungseigentum erst begründet werden soll,

geschlossen, so liegt ein Hauptmietvertrag vor. Die Aufzählung ist nicht abschließend, sondern sie kann dann erweitert werden, wenn es der Schutzzweck des MRG erfordert. So gilt auch der Minderheitseigentümer, dem aufgrund einer Benützungsregelung das Verfügungsrecht am Mietgegenstand zukommt, als eine Person, die Hauptmietrechte vermittelt.[26] Wird der Mietvertrag mit einem Wohnungseigentumsbewerber abgeschlossen, so wird damit zunächst ein Hauptmietvertrag mit allen Miteigentümern der Liegenschaft begründet. Mit der Verbücherung des Eigentumsrechtes des Wohnungseigentumsbewerbers tritt dieser in die alleinige Vermieterposition ein.

2. Untermiete

Untermiete liegt vor, wenn der Mietvertrag mit einer Person geschlossen wird, die oben nicht genannt wurde. Zur Höhe des Mietzinses vgl Kapitel VIII. 7.

---

[26] 6 Ob 657/87

Scheinuntermiete

Von einer Scheinuntermiete spricht man dann, wenn der Vermieter einen Hauptmietvertrag abschließt, wobei von vornherein feststeht, dass dieser „Hauptmieter" die zu mietende Wohnung gar nicht bewohnen soll. Der einzige Zweck dieses Vertragsabschlusses ist es, dass der tatsächliche Mieter nicht in die Position eines Hauptmieters, sondern nur in die rechtlich schwächere Position eines Untermieters gelangen soll. Die dahinterstehende Absicht ist hauptsächlich darauf gerichtet, die Rechtsstellung des Mieters insofern zu verschlechtern, als mit einigen Ausnahmen die Bestimmungen des MRG nur auf Hauptmietverhältnisse zur Anwendung gelangen. Wurde der Hauptmietvertrag nur zum Zweck der Untervermietung durch den Hauptmieter und zur Umgehung der einem Hauptmieter nach dem MRG zustehenden Rechte geschlossen, so kann der Mieter, mit dem der Untermietvertrag geschlossen wurde (Scheinuntermieter), im Außerstreitverfahren die Anerkennung als Hauptmieter begehren.[27]

Das Gesetz nennt konkrete Anhaltspunkte für das Vorliegen einer derartigen Umgehungshandlung, nämlich wenn:

- der Hauptmieter mehr als eine Wohnung im selben Gebäude zur Gänze untervermietet;
- der Hauptmieter bei Vorliegen eines befristeten Hauptmietvertrages die Wohnung zur Gänze untervermietet.

Als Umgehungshandlung wurde auch angesehen, wenn ein ganzes Haus verleast wurde und der Leasingnehmer das Objekt selbst nicht benützt, sondern gewinnbringend weitervermietet. Auch wenn das Bestandobjekt unter der Zugehörigkeit zu einem Beherbergungsbetrieb vermietet wird, kann eine Umgehungshandlung vorliegen, insbesondere dann, wenn keine Serviceleistungen, die mit einem Beherbergungsbetrieb in der Regel verknüpft sind, angeboten werden.

---

[27] 5 Ob 224/07p

Beispiel

Hannes F. beabsichtigt, das ihm gehörige Miethaus mit acht Wohneinheiten zu einem späteren Zeitpunkt umfassend zu sanieren, wobei jedoch dies sinnvollerweise nur dann erfolgen kann, wenn zum Zeitpunkt der Bauarbeiten keine Mietverhältnisse mehr bestehen. Aus diesem Grund schließt Hannes F. mit einer unter seinem Einfluss stehenden Gesellschaft Hauptmietverträge über die gegenständlichen Wohnungen. Diese Gesellschaft schließt ihrerseits Untermietverträge hinsichtlich der einzelnen Wohnungen ab. Durch die bei dieser Konstellation gegebene Möglichkeit, den Hauptmietvertrag jederzeit einvernehmlich aufzulösen, soll sichergestellt werden, dass auch die Untermietverhältnisse zum gewünschten Zeitpunkt enden. Die Mieter der Gesellschaft könnten aber mit guten Erfolgaussichten die Anerkennung als Hauptmieter bei Gericht begehren, wodurch die Bestimmungen des MRG hinsichtlich der Befristung jedenfalls zum Tragen kommen würden.

Von der unzulässigen Untervermietung wird die echte Sanierungshauptmiete unterschieden. Diese liegt dann vor, wenn der Hauptmieter ein Bestandobjekt mit eigenem Kapital saniert und anschließend die von ihm getätigten Aufwendungen im Wege der Untervermietung wieder refinanziert. Allerdings ist hier die Rechtsprechung sehr streng, so wird bei einer behaupteten Sanierungshauptmiete Umgehungsabsicht bereits dann als gegeben angesehen, wenn der Hauseigentümer aus der Differenz zwischen zulässigem Hauptmietzins und Untermietzins Profit zieht, indem er sich vom formellen Hauptmieter mehr als den zulässigen Hauptmietzins bezahlen lässt.

VII. Kapitel Weitergabe- und Eintrittsrecht

Mit Hilfe des Weitergabe- und Eintrittsrechts können Mietverhältnisse auf andere Personen übergehen. Für den Vermieter ist es daher besonders wichtig, die jeweiligen Voraussetzungen, die einen solchen Übergang ermöglichen, zu kennen. Dieses Kapitel stellt klar, wann ein Vertragseintritt rechtens ist und wann nicht.

1. Weitergabe des Mietrechts – § 12 MRG

Im Vollanwendungsbereich des MRG kann der Hauptmieter einer Wohnung, der die Wohnung verlässt, seine Hauptmietrechte an der Wohnung an dritte Personen abtreten. Es handelt sich dabei im rechtlichen Sinne um eine Vertragsübernahme, bei der es keiner Zustimmung des Vermieters bedarf, wenn die gesetzlichen Voraussetzungen vorliegen. Eine dieser Voraussetzungen ist, dass der bisherige Hauptmieter der Wohnung diese auch tatsächlich verlässt, also auszieht. Allerdings wird der Personenkreis, der in das Mietverhältnis eintreten kann, in § 12 MRG taxativ (= abschließend) aufgezählt. Es handelt sich dabei um:

- Ehegatten
- Verwandte in gerader Linie (Großeltern, Eltern, Kinder, Kindeskinder)
- Wahlkinder (= Adoption)
- Geschwister

Gemäß § 43 Abs 1 Z 10 Eingetragene Partnerschaft-Gesetz (EPG) sind Bestimmungen, die Ehegatten, Ehesachen oder Eheangelegenheiten betreffen, sinngemäß auf eingetragene Partner, Partnersachen oder Partnerangelegenheiten anzuwenden. Dies gilt für §§ 12, 14 und 46 MRG. Der Gesetzgeber hat in diesem Bereich allerdings noch ein weiteres Kriterium in Form einer Mindestdauer des gemeinsamen Wohnens aufgestellt. Der Ehegatte und Verwandte in gerader Linie müssen mindestens die letzten zwei Jahre, Geschwister mindestens die letzten fünf Jahre in der Wohnung gewohnt haben. Von diesen zeitlichen Voraussetzungen bestehen allerdings auch Ausnahmen, nämlich dann, wenn Angehörige die Wohnung seinerzeit mit dem bisherigen Mieter gemeinsam bezogen oder wenn der Ehegatte seit Beginn der Ehe und Kinder seit ihrer Geburt in der Wohnung gewohnt haben. In diesen Fällen gelten die oben angeführten zeitlichen Kriterien ungeachtet der tatsächlichen Dauer des gemeinsamen Wohnens als erfüllt.

Zu beachten ist, dass § 12 MRG Lebensgefährten im Falle des Todes des Partners kein Eintrittsrecht einräumt. Ebenfalls ist zu berücksichtigen, dass dem Mieter das Recht der Abtretung der Hauptmietrechte an Verwandte in absteigender Linie einschließlich der Wahlkinder nicht zusteht, falls es sich beim Mietgegenstand um eine sogenannte Seniorenwohnung gem § 12 Abs 3 MRG handelt. Dies ist dann der Fall, wenn sowohl die Wohnung als auch die allgemeinen Teile des Hauses, über die sie erreicht werden kann, eigens für ein altengerechtes Wohnen adaptiert sind. Zusätzlich muss im Mietvertrag die Bereitstellung einer Grundversorgung des Hauptmieters mit sozialen Diensten der Altenhilfe vereinbart worden sein und der Hauptmieter bei Abschluss des Mietvertrages das sechzigste Lebensjahr bereits vollendet haben.

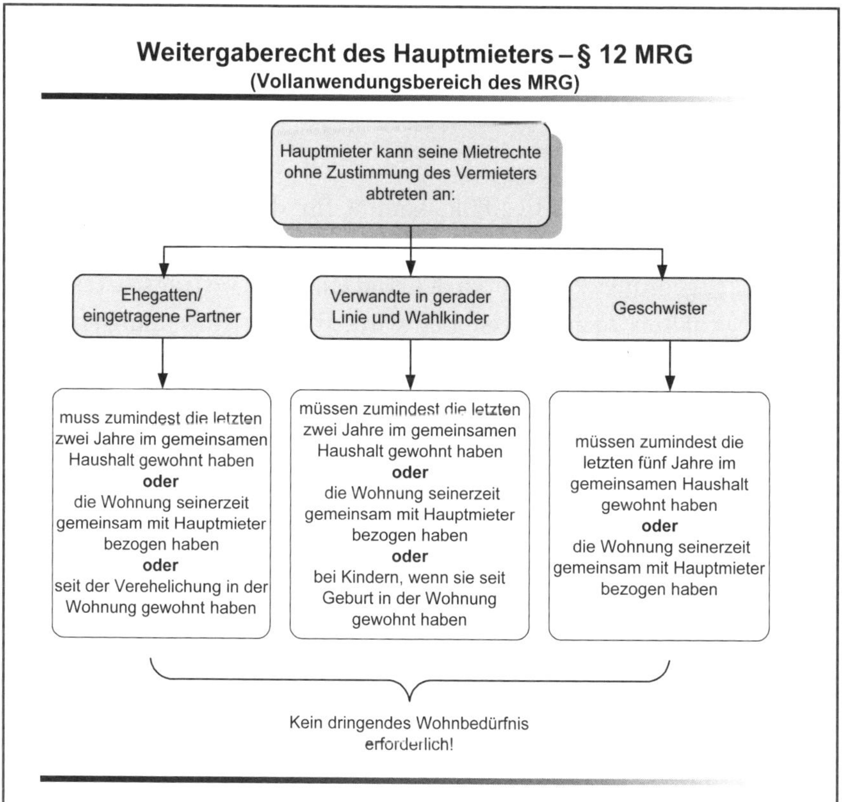

Wie bereits oben ausgeführt, ist bei Vorliegen der Kriterien des § 12 MRG keine Zustimmung des Vermieters hinsichtlich der Abtretung des Mietrechtes erforderlich, allerdings sind sowohl der bisherige Hauptmieter als auch der in den Mietvertrag Eintretende verpflichtet, die Abtretung des Hauptmietrechtes dem Vermieter unverzüglich anzuzeigen. Wird diese Anzeige unterlassen, so können aufgrund des Umstandes, dass der Vermieter bei Vorliegen der Voraussetzungen des § 46 Abs 2 MRG eine Mietzinserhöhung ab dem auf den Eintrittstermin folgenden Zinstermin vornehmen hätte können, Schadenersatzpflichten entstehen. Weiters wird auch die Auffassung vertreten, dass das erhöhte Zinsbegehren trotz der Bestimmung des § 46 b MRG drei Jahre rückwirkend geltend gemacht werden kann.

2. Eintrittsrecht im Todesfall – § 14 MRG

a) Allgemeines

Bei einem Bestandverhältnis, das in den Voll- oder zumindest Teilanwendungsbereich des MRG fällt, kommt für den Fall des Todes des Vermieters oder Hauptmieters § 14 MRG zur Anwendung. Dort wird zunächst angeordnet, dass durch den Tod eines der Vertragsparteien das Bestandverhältnis nicht aufgehoben wird. Wie im Anwendungsbereich des § 1116a ABGB erfolgt der Eintritt der Erben in das Mietverhältnis mit der rechtskräftigen Einantwortung. Allerdings ist diesbezüglich im Anwendungsbereich des MRG bei Vorliegen einer Wohnungsmiete eine Ausnahme zugunsten der in § 14 Abs 3 MRG genannten eintrittsberechtigten Personen vorgesehen.

Liegen die Voraussetzungen des Eintrittsrechts nach § 14 Abs 3 MRG im Zeitpunkt des Todes des bisherigen Mieters vor, gehen dessen Mietrechte auf den Eintrittsberechtigten kraft Gesetzes über, ohne dass es hiezu einer besonderen Erklärung gegenüber dem Vermieter bedarf. Nur wenn die eintrittsberechtigten Personen das Mietverhältnis nicht fortsetzen wollen, haben sie dies dem Vermieter binnen 14 Tagen nach dem Tod des Hauptmieters bekannt zu geben. Eine Anerkennung des

Eintritts durch den Vermieter ist regelmäßig weder erforderlich noch erzwingbar.

Der in § 14 Abs 3 MRG genannte Kreis der eintrittsberechtigten Personen geht den Erben vor, es handelt sich um eine Sonderrechtsnachfolge für Mietverhältnisse an einer Wohnung, die die allgemeine Erbfolge in diesem Bereich ausschließt. Wollen die Eintrittsberechtigten das Mietverhältnis nicht fortsetzen, treten zunächst der Nachlass, nach Einantwortung die Erben in den Mietvertrag ein. Der Eintritt minderjähriger Kinder nach § 14 MRG bedarf keiner pflegschaftsgerichtlichen Genehmigung, wohl aber die Aufgabe des Mietrechts, da dies ein außergewöhnliches Geschäft iSd § 154 Abs 3 ABGB darstellt.

b) Haftung des Eintretenden

Mit dem Eintritt in das Mietverhältnis haften die eintretenden Personen solidarisch mit den Erben des verstorbenen Hauptmieters für den Mietzins und die Verbindlichkeiten, die während der Mietdauer des verstorbenen Hauptmieters entstanden sind. Sind mehrere Personen eintrittsberechtigt, so treten sie gemeinsam in den Mietvertrag ein, haften aber auch gemeinsam.

c) Voraussetzungen des Eintrittsrechts

Die gesetzlich geforderten Voraussetzungen sind:

- Vorliegen eines Hauptmietverhältnisses an einer Wohnung,
- Vorhandensein von eintrittsberechtigten Personen,
- Vorliegen eines dringenden Wohnbedürfnisses,
- gemeinsamer Haushalt mit dem bisherigen Mieter,
- bei Lebensgefährten eine Mindestdauer der Haushaltsgemeinschaft.

Sind mehrere Angehörige eintrittsberechtigt, so treten sie gemeinsam ein; das Gesetz stellt keine Rangordnung auf. Unberührt bleibt selbstverständlich das Recht des einzelnen Eintrittsberechtigten, auf den Eintritt in das Mietverhältnis zu verzichten. Unseres Erachtens kann er nicht zum Eintritt gezwungen werden, wenn andere Eintrittsberechtigte eintreten wollen, da deren Rechtsstellung ja durch den Verzicht nicht berührt wird.

Kreis der eintrittsberechtigten Personen

Zum taxativ (= abschließend) aufgezählten Kreis der eintrittsberechtigten Personen zählen:

- Ehegatten[28]
- Lebensgefährten
- Verwandte in gerader Linie (Großeltern, Eltern, Kinder, Kindeskinder usw)
- Wahlkinder (Adoption)
- Geschwister

Gerade die Frage, wann eine Lebensgemeinschaft im rechtlichen Sinne vorliegt, ist schwer zu lösen. Unter einer Lebensgemeinschaft wurde bislang von der Rechtsprechung eine in wirtschaftlicher Hinsicht eheähnliche Haushaltsgemeinschaft zwischen verschiedengeschlechtlichen Personen verstanden. Diese Auslegung richtete sich gegen die Anerkennung eines Eintrittsrechts für den überlebenden Partner einer gleichgeschlechtlichen Lebensgemeinschaft.

Ein Urteil des Europäischen Gerichtshofes für Menschenrechte bewirkte eine Änderung dieser Rechtsprechung, sodass auch für den überlebenden Partner einer gleichgeschlechtlichen Lebensgemeinschaft – bei Vorliegen der sonstigen Voraussetzungen – ein Eintrittsrecht bejaht wurde. Durch die Erlassung des Gesetzes über die eingetragene Partnerschaft wurde nunmehr das Eintrittsrecht auch durch gesetzliche Anordnung in § 43 Abs 1 Z 10 EPG für eingetragene Partner verankert.

Ein Ausschluss Verwandter in absteigender Linie einschließlich der Wahlkinder wird für den Fall des Vorliegens einer Seniorenwohnung (siehe dazu oben) angeordnet. Daraus folgt, dass beispielsweise

[28] Beachte § 43 Abs 1 Z 10 EPG

das Kind des Verstorbenen nicht gemäß § 14 MRG in das Mietverhältnis eintreten kann, sondern allenfalls als Erbe mit der Rechtsfolge der Anwendbarkeit des § 1116a ABGB.

Vorliegen eines dringenden Wohnbedürfnisses

Nach der ständigen Rechtsprechung ist bei der Beurteilung des dringenden Wohnbedürfnisses der eintrittsberechtigten Person von den Verhältnissen zum Zeitpunkt des Todes des Mieters auszugehen. Nachträgliche Änderungen sind nur insoweit zu berücksichtigen, als sie schon zum Zeitpunkt des Todes des Mieters für die nächste Zeit zu erwarten waren. Ein dringendes Wohnbedürfnis eintrittsberechtigter Personen ist überdies nur dann zu bejahen, wenn die unabweisliche Notwendigkeit besteht, den anderwärtig nicht gleichwertig gedeckten Wohnbedarf des Eintrittsberechtigten zu befriedigen. Die Frage, ob tatsächlich ein dringendes Wohnbedürfnis zu bejahen oder zu verneinen ist, wird in aller Regel einzelfallbezogen gelöst.[29]

Beispiele:
Bejaht wurde das Vorliegen eines dringenden Wohnbedürfnisses:

- bei einer täglichen Fahrzeit zum Arbeitsplatz von fünf Stunden
- bei einer lediglich 23m² großen Ersatzwohnung für die schwangere Ehegattin
- bei einer 77-jährigen Frau, die durch die Übersiedlung aus ihrem sozialen Umfeld gerissen wurde
- wenn nur die Aufnahme bei den Eltern möglich wäre

Verneint wurde das Vorliegen eines dringenden Wohnbedürfnisses:

- während der Verbüßung einer Haftstrafe
- bei einer abgesicherten Wohnmöglichkeit in einem eigenen ganzjährig bewohnbaren Haus in derselben Stadt
- bei Vorliegen einer bloß befristeten anderweitigen Wohnmöglichkeit

[29] 7 Ob 273/07h

Gemeinsamer Haushalt mit dem bisherigen Mieter

Auch zu dieser Voraussetzung besteht eine reiche, einzelfallbezogene Judikatur. Im Allgemeinen ist dann von einem gemeinsamen Haushalt auszugehen, wenn die Bedürfnisse des täglichen Lebens auf gemeinsame Rechnung befriedigt werden, wobei Art, Umfang und Intensität von den Umständen des Einzelfalls abhängen. Daher schadet es nicht, wenn nur ein Teil die gesamten Kosten trägt, sofern dafür auch Gründe wie beispielsweise ein großer Einkommens- oder Altersunterschied gegeben sind.[30]

Beispiel

Die schon etwas betagte Amalia Z. lebt in einer 140 m² großen und bestens ausgestatteten Mietwohnung. Aufgrund der Mietzinsvorschriften des alten Mietrechts bezahlt sie dafür auch nur einen relativ geringen Mietzins. Ihr Sohn Andreas V. übernachtet gelegentlich bei ihr. Vollkommen überraschend verstirbt Amalia Z. an einem Herzinfarkt. Ihr Sohn will nunmehr die Gelegenheit nützen und macht gegenüber dem Vermieter sein Eintrittsrecht gemäß § 14 Abs 3 MRG geltend. Da jedoch das gelegentliche Übernachten kein gemeinsames Wohnen in einem gemeinsamen Haushalt bedeutet, kann der Vermieter Andreas V. erfolgreich auf Räumung klagen.

Ein gemeinsamer Haushalt wird nach allgemein herrschender Auffassung nur bei dauernder Trennung beendet.[31] Als Fälle nicht dauernder Trennung werden unter anderem Krankenhaus- oder Kuraufenthalte sowie Fortbildungsaufenthalte im Ausland angesehen. Hinsichtlich des zeitlichen Elements gilt insbesondere, dass auch bei längerer Abwesenheit nicht auf die Beendigung des gemeinsamen Haushalts geschlossen werden muss bzw kann. Ob die Abwesenheit nämlich vorübergehend oder auf Dauer ist, bestimmt sich nicht bloß nach ihrer objektiven

[30] 3 Ob 15/08i

[31] 6 Ob 117/08m

Dauer; ausschlaggebend ist vielmehr die Willensrichtung der Betroffenen, so wenn beispielsweise eine Trennung auf Zeit erfolgt, um die gegenseitigen Gefühle einer Überprüfung zu unterziehen.

Mindestdauer der Haushaltsgemeinschaft

Eine Mindestdauer der Haushaltsgemeinschaft ist nur bei Lebensgefährten vorgesehen. So gilt als Lebensgefährte im Sinne des § 14 Abs 3 MRG nur derjenige, der mit dem bisherigen Mieter bis zu dessen Tod mindestens drei Jahre lang in der Wohnung in einer in wirtschaftlicher Hinsicht ehegleich eingerichteten Haushaltsgemeinschaft gelebt hat. Einem dreijährigen Aufenthalt des Lebensgefährten in der Wohnung ist es gleichzuhalten, wenn er die Wohnung seinerzeit mit dem bisherigen Mieter gemeinsam bezogen hat.

Eintrittsrecht im Todesfall – § 14 MRG

(Voll- und Teilanwendungsbereich des MRG)

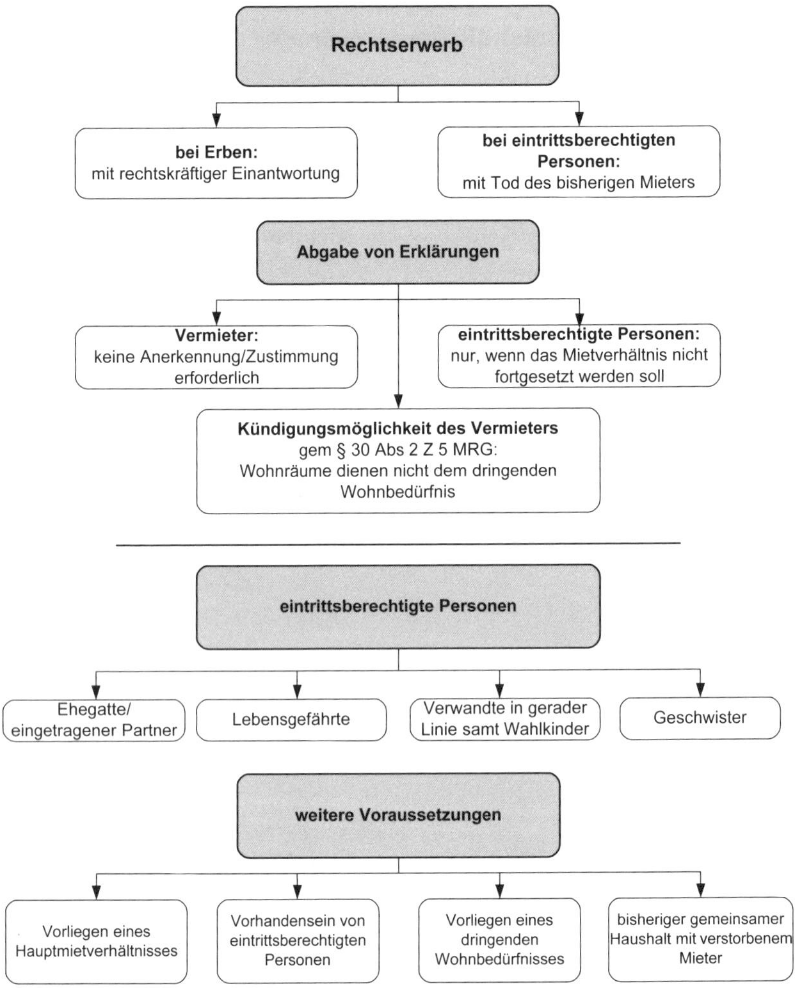

VIII. Kapitel Mietzins

Häufig machen Mieter von ihrem Mietzinsüberprüfungsrecht Gebrauch. Wurde ein zu hoher Mietzins gefordert, kann dies zu einer erheblichen Kostenbelastung des Vermieters führen. Dieses Kapitel hilft Ihnen, das richtige Mietzinsmodell auf das Bestandverhältnis anzuwenden.

1. Mietzins

a) Mietzinsmodelle

Unzweifelhaft stellt die in einem Mietvertrag getroffene Mietzinsvereinbarung einen der wesentlichen Bestandteile des Mietvertrages dar. Bei der Bestimmung der Mietzinshöhe kommen verschiedene Systeme zur Anwendung, je nachdem ob der Mietgegenstand dem ABGB unterliegt oder ob eine Mietzinsbildung nach den Bestimmungen des MRG vorgeschrieben ist. Im Wesentlichen wird zwischen vier möglichen Mietzinsmodellen unterschieden:

- freier Mietzins
- angemessener Mietzins
- Richtwertmietzins
- Kategoriemietzins

b) Bestandteile des Mietzinses

In § 15 Abs 1 MRG (Vollanwendungsbereich) wird festgelegt, woraus der vom Hauptmieter für die Überlassung eines Mietgegenstandes zu entrichtende Mietzins besteht:

- Hauptmietzins
- auf den Mietgegenstand entfallender Anteil der Betriebskosten
- anteilsmäßig die für die Liegenschaft laufend zu entrichtenden öffentlichen Abgaben
- auf den Mietgegenstand entfallender Anteil allfälliger besonderer Aufwendungen
- angemessenes Entgelt für mitvermieteten Einrichtungsgegenstände
- sonstige Leistungen, die der Vermieter neben der Überlassung des Mietgegenstandes erbringt

Weiters kann der Vermieter vom Mieter die auf den Mietzins anfallende Umsatzsteuer verlangen. Tut er dies, so muss der Vermieter jedoch seinerseits alle Aufwendungen, die er dem Mieter auf- oder verrechnet, um die darauf entfallenden Vorsteuerbeträge entlasten.

2. Pauschalmietzins

Nicht zu den Mietzinsbildungssystemen gehört der sogenannte Pauschalmietzins. Dabei werden der vereinbarte Hauptmietzins, die Betriebkosten, die zu leistenden öffentlichen Abgaben und die sonstigen Leistungen in einem Gesamtbetrag zusammengefasst, ohne dass eine Aufgliederung der einzelnen Positionen erfolgt. Im Vollanwendungsbereich des MRG kann das Gericht oder die Schlichtungsstelle auf Antrag des Vermieters oder des Hauptmieters mit Beschluss aussprechen, dass anstelle eines vereinbarten Pauschalmietzinses ein aufgegliederter Mietzins zu entrichten ist (§ 15 Abs 4 MRG). Damit wird der Problematik Rechnung getragen, dass der Vermieter alleine – also ohne Möglichkeit der Überwälzung auf den Mieter – das sich in den letzten Jahren auch tatsächlich verwirklichte Risiko überproportional angestiegener Betriebskosten zu tragen hat.

Die Aufgliederung des Pauschalmietzinses erfolgt dergestalt, dass ermittelt wird, wie sich das Verhältnis von Hauptmietzins iSd § 15 Abs 1 Z 1 MRG und den damals anfallenden Betriebskosten verhält. Damit ist der Anteil des Hauptmietzinses feststellbar und hat der Vermieter nunmehr Anspruch auf Bezahlung der Betriebskosten in der auf den Mietgegenstand entfallenden anteiligen Höhe. Heute kommen kaum mehr Pauschalmietzinsvereinbarungen vor.

3. Freier Mietzins

Der freie Mietzins kommt bei Bestandobjekten zur Anwendung, die entweder in den Nichtanwendungsbereich oder den Teilausnahmebereich des MRG fallen. Für derartige Mietverhältnisse bestehen keine gesetzlich vorgegebenen Mietzinsbildungsvorschriften, sodass Vermieter und Mieter in der Vereinbarung des Mietzinses frei sind. Der Unterschied zum angemessenen Mietzins besteht insbesondere darin, dass der freie Mietzins in der Regel keiner Überprüfung durch das Gericht oder durch die Schlichtungsstelle unterliegt. Dies bedeutet aber noch nicht, dass nach Belieben hohe Mietzinse verlangt werden können, da bei missbräuchlicher Festsetzung des Mietzinses die allgemeinen zivilrechtlichen Bestimmungen zum Tragen kommen. So kann sich hinsichtlich der Höhe des vereinbarten Mietzinses ergeben, dass der Tatbestand der Verkürzung über die Hälfte des wahren Wertes (§§ 934f ABGB) oder ein Wuchertatbestand im Sinne des § 879 Abs 2 Z 4 ABGB vorliegt, sich die Höhe des Mietzinses als sittenwidrig (§ 879 Abs 1 ABGB) herausstellt oder dass ein wesentlicher und beachtlicher Geschäftsirrtum gegeben ist. Allerdings ist anzumerken, dass diese Rechtsinstitute wohl nur dann greifen, wenn eine eklatante Überhöhung des Mietzinses vorliegt.

Tipp

Zu beachten ist jedoch, dass die Bestimmung des § 16 MRG (Mietzinsbildung) aufgrund förderungsrechtlicher Bestimmungen trotz grundsätzlicher Nichtanwendbarkeit des MRG in diesem Bereich zur Anwendung gelangen kann. Ist also dem Vermieter bekannt, dass zur Errichtung oder Sanierung des Mietgegenstandes Förderungsmittel in Anspruch genommen wurden, empfiehlt es sich dringend, eine Überprüfung dahingehend vorzunehmen, ob eben diese förderungsrechtlichen Bestimmungen die Anwendbarkeit des § 16 MRG vorsehen.

4. Mietzinsbildung im Vollanwendungsbereich des MRG

Im Vollanwendungsbereich besteht keine Möglichkeit, hinsichtlich der Höhe des Mietzinses frei zu disponieren, vielmehr wird die Höhe des Mietzinses zwingend gesetzlich geregelt. Im Wesentlichen kommen drei Mietzinsbildungssysteme zur Anwendung, nämlich:

- der Kategoriemietzins
- der angemessene Hauptmietzins
- der Richtwertmietzins

Freier Mietzins

Nichtanwendungsbereich: Bestandverhältnis unterliegt von vorneherein nicht dem MRG wie bspw Leihe, Leasing, Wohnrecht, Flächenmiete

Vollausnahmen gem § 1 Abs 2 MRG wie bspw Mietgegenstände in Ein- und Zweiobjektshäuser, Mietgegenstände im Rahmen des Betriebes eines Beherbergungs-, Garagierungs-, Verkehrs-, Flughafenbetriebs-, Speditions- oder Lagerhausunternehmens, weiters Heime, Dienst- und Werkwohnungen, Zweitwohnungen uam

Teilausnahmen gem § 1 Abs 4 MRG wie bspw Mietgegenstände in ungeförderten Neubauten (Stichtag 30. Juni 1953), Dachbodenausbauten und Aufbauten (Stichtag 31. Dezember 2001), Zubauten (Stichtag 30. September 2001), Wohnungseigentumsobjekten (Stichtag 8. Mai 1945), Wirtschaftspark

Freie Mietzinsbildung

begrenzt nur durch allgemein zivilrechtliche Anfechtungsmöglichkeiten wie bspw Irrtum, laesio enormis oder Wucher

Liegt ein sogenannter Altmietvertrag vor, so sind weiterhin die früheren Bestimmungen über die Festlegung des Hauptmietzinses anzuwenden. Unter einem Altmietvertrag versteht man generell vor dem 1.3.1994 abgeschlossene Verträge. Für Mietverträge, die zwischen dem 1.1.1992 und dem 28.2.1994 geschlossen wurden, gelten weiterhin die Kategoriemietzinse des § 15a Abs 3 MRG.

a) Kategoriemietzins – § 16 Abs 5 und 6 MRG

Die Einteilung von Wohnungen in Ausstattungskategorien (§ 15 a MRG) hat für die Mietzinsbildung Bedeutung. Man unterscheidet folgende Kategorien:

Kategorie A

Eine Wohnung entspricht der Ausstattungskategorie A, wenn

- sie in brauchbarem Zustand ist,
- die Nutzfläche mindestens 30 m^2 beträgt,
- die Wohnung zumindest aus Zimmer, Küche (Kochnische), Vorraum, Klosett und einer dem zeitgemäßen Standard entsprechenden Badegelegenheit (Baderaum oder Badenische) besteht,
- über eine gemeinsame Wärmeversorgungsanlage

  oder
- über eine Etagenheizung

  oder
- über eine gleichwertige stationäre Heizung und
- über eine Warmwasseraufbereitung verfügt.

Kategorie B

Eine Wohnung entspricht der Ausstattungskategorie B, wenn

- sie in brauchbarem Zustand ist und
- zumindest aus Zimmer, Küche (Kochnische), Vorraum, Klosett im Inneren und einer dem zeitgemäßen Standard entsprechenden Badegelegenheit (Baderaum oder Badenische) besteht.

Kategorie C

Eine Wohnung entspricht der Ausstattungskategorie C, wenn

- sie in brauchbarem Zustand ist und
- zumindest über eine Wasserentnahmestelle und über ein Klosett im Inneren verfügt.

Kategorie D

Eine Wohnung entspricht der Ausstattungskategorie D, wenn

- sie entweder über keine Wasserentnahmestelle oder über kein Klosett im Inneren verfügt (Kategorie D-neu)

oder

- wenn eine dieser beiden Einrichtungen nicht brauchbar ist (Kategorie D-unbrauchbar)

Höhe der Kategoriemietzinse
Der Kategoriebetrag je Quadratmeter der Nutzfläche und Monat beträgt ab 1. September 2009:

- für Wohnungen der Ausstattungskategorie A 3,08 Euro
- für Wohnungen der Ausstattungskategorie B 2,31 Euro
- für Wohnungen der Ausstattungskategorie C 1,54 Euro
- für Wohnungen der Ausstattungskategorie D 0,77 Euro

Die Kategoriebeträge werden entsprechend der Bestimmung des § 16 Abs 6 MRG den Indexentwicklungen angepasst und im Bundesgesetzblatt kundgemacht.

Unterliegt eine Wohnung der Ausstattungskategorie D dem Vollanwendungsbereich des MRG, so darf der vereinbarte Hauptmietzins je m^2 der Nutzfläche und Monat 0,77 Euro nicht übersteigen, befindet sich diese Wohnung jedoch in brauchbarem Zustand, so darf ein Hauptmietzins bis zu einem Betrag von 1,54 Euro pro m^2 der Nutzfläche pro Monat vereinbart werden (§ 16 Abs 5 MRG). Zu beachten ist aber in diesem Zusammenhang, dass der Vermieter eine Erhöhung des Hauptmietzinses (§ 18 Abs 5 MRG) für eine Wohnung dann nicht verlangen kann, wenn es sich dabei um eine Wohnung der Ausstattungskategorie D handelt und für sie ein Hauptmietzins vereinbart wurde, der 0,77 Euro pro m^2 der Nutzfläche pro Monat übersteigt. In diesem Fall hat der Vermieter die aus einem Erhöhungsverfahren resultierenden Zinsmehrbeträge für Wohnungen der Ausstattungskategorie D selbst zu tragen. Die für eine Wohnung der Ausstattungskategorie D festgelegten Hauptmietzinse sind ex lege wertgesichert.

b) Angemessener Mietzins – § 16 Abs 1 MRG

Die Berechnung des angemessenen Mietzinses orientiert sich zunächst am marktkonformen üblichen Mietzins, weiters sind die besonderen

Bemessungskriterien gemäß § 16 Abs 1 MRG, nämlich Größe, Beschaffenheit, Lage, Ausstattungs- und Erhaltungszustand des Mietgegenstandes durch Zu- bzw Abschläge zu berücksichtigen. Unter Umständen wird es notwendig sein einen Immobiliensachverständigen hinzuzuziehen. Der angemessene Hauptmietzins kommt für folgende Bestandobjekte zur Anwendung:

- Geschäftsräumlichkeiten
- Mietgegenstand in einem Gebäude, das aufgrund einer nach dem 8.5.1945 erteilten Baubewilligung neu errichtet worden ist
- Mietgegenstand, der aufgrund einer nach dem 8.5.1945 erteilten Baubewilligung durch Um-, Auf-, Ein- oder Zubau neu geschaffen wurde
- Mietgegenstand in einem Denkmalschutzgebäude, wenn der Vermieter nach dem 8.5.1945 erhebliche Eigenmittel aufgewendet hat
- Wohnung der Ausstattungskategorie A oder B mit einer 130 m^2 übersteigenden Nutzfläche, wenn diese nach Räumung binnen sechs Monaten oder nach Vornahme von Verbesserungsarbeiten binnen 18 Monaten weitervermietet wird
- bei Vorliegen eines unbefristeten Mietverhältnisses, bei dem bereits ein Jahr seit der Übergabe verstrichen ist und eine schriftliche Vereinbarung hinsichtlich der Höhe des Hauptmietzinses getroffen wurde

c) Richtwertmietzins – § 16 Abs 2-4 MRG

Handelt es sich beim Mietgegenstand um eine Wohnung der Ausstattungskategorie A, B oder C und liegen die Voraussetzungen für den freien oder angemessenen Mietzins nicht vor, kommen die Bestimmungen über den Richtwertmietzins zum Tragen. Bei der Ermittlung des zulässigen Mietzinses wird vom sogenannten Richtwert ausgegangen, wobei unter Richtwert jener Betrag verstanden wird, der für eine miet-

angemessener Mietzins – §§ 16 Abs 1, 46c MRG

Geschäftsräumlichkeiten
(bei gemischter Verwendung nur dann, wenn Geschäftszwecke bedeutend überwiegen)

Neubauten
(Neuerrichtung aufgrund einer nach dem 8. Mai 1945 erteilten Baubewilligung)

neu geschaffene Mietgegenstände
(aufgrund einer nach dem 8. Mai 1945 erteilten Baubewilligung durch Um-, Auf-, Ein- oder Zubau neu geschaffen)

Mietgegenstände in unter Denkmalschutz stehenden Gebäuden
(Vorliegen von öffentlichem Interesse und Verwendung erheblicher Eigenmittel des Vermieters zur Erhaltung des Gebäudes nach dem 8. Mai 1945)

Wohnungen der Kategorie A oder B mit einer Nutzfläche von mehr als 130m²
(nur dann, wenn der Mietgegenstand binnen 6 Monaten nach Freiwerden oder binnen 18 Monaten nach Vornahme von Verbesserungsarbeiten wieder vermietet wird)

Freiwillige Mietzinsvereinbarung
(bei unbefristeten Mietverhältnissen, wenn das Mietobjekt bereits seit über einem Jahr übergeben wurde – Schriftformerfordernis!)

Angemessener Mietzins

- Kriterien sind die Größe, die Art und Beschaffenheit, die Lage sowie der Ausstattungs- und Erhaltungszustand des Mietgegenstands
- Ermittlung erfolgt häufig mit Hilfe der Vergleichswertmethode
- Mietzins unterliegt der Überprüfung durch Gericht oder Schlichtungsstelle

rechtliche Normwohnung im Sinne des § 2 Richtwertgesetz festgesetzt wird. Der Richtwert wird für jedes Bundesland vom Bundesminister für Justiz durch Verordnung festgelegt. Die zu vermietende Wohnung wird mit der in § 2 Abs 2 Richtwertgesetz definierten Normwohnung verglichen. Weicht der Mietgegenstand vom Standard dieser mietrechtlichen Normwohnung ab, sind entsprechende Zuschläge oder Abstriche vom Richtwert vorzunehmen.

Beginnend mit dem 1. April 2010 vermindern oder erhöhen sich die in § 5 Abs 1 RWG angeführten Richtwerte jedes zweite Jahr in dem Maß, das sich aus der Veränderung des von der Bundesanstalt Statistik Österreich verlautbarten Jahresdurchschnittswerts des Verbraucherpreisindex 2000 des jeweiligen Vorjahrs gegenüber dem Indexwert 114,6 (Durchschnittswert des Jahres 2007) ergibt.

Zurzeit gelten nachstehende Richtwerte:

Burgenland	4,31 Euro	Tirol	5,77 Euro
Wien	4,73 Euro	Steiermark	6,52 Euro
Niederösterreich	4,85 Euro	Salzburg	6,53 Euro
Oberösterreich	5,12 Euro	Vorarlberg	7,26 Euro
Kärnten	5,53 Euro		

Kriterien für Zuschläge oder Abstriche sind:

- Zweckbestimmung der Wohnung
- Stockwerkslage
- Lage innerhalb eines Stockwerkes
- über oder unter dem Durchschnitt liegende Ausstattung der Wohnung mit anderen Teilen der Liegenschaft (Balkone, Terrassen, Keller- oder Dachbodenabteile, Hausgärten oder Abstellplätze)
- sonstige Ausstattung oder Grundrissgestaltung, wobei eine gegenüber der mietrechtlichen Normwohnung bessere Ausstattung oder Grundrissgestaltung jedoch nur dann berücksichtigt wird, wenn sie nicht alleine auf Kosten des Hauptmieters vorgenommen wurde.
- Zuschläge für die Ausstattung der Wohnung oder des Gebäudes mit den in § 3 Abs 4 RichtWG angeführten Anlagen, Garagen, Flächen und Räumen, wobei die jeweiligen Zuschläge mit dem bei der Ermittlung des Richtwertes abgezogenen Baukostenanteiles begrenzt sind.
- Verpflichtung des Vermieters zur Erhaltung einer Etagenheizung (Zuschlag)

- Lage des Hauses und die Wohnumgebung (Infrastruktur)
- Erhaltungszustand des Hauses
- Abstriche für Ausstattungskategorie C oder D

Zu beachten ist, dass wenn die Lage bzw die Wohnumgebung des Hauses in Form eines Zuschlags berücksichtigt werden soll, dieser dem Mieter schriftlich ausdrücklich bis spätestens bei Zustandekommen des Mietvertrages bekannt gegeben werden muss. Dabei empfiehlt es sich, die für die Begründung dieses Lagezuschlages maßgeblichen Umstände wie beispielsweise die gegebene Infrastruktur, die Luftqualität, die Nähe zu Parks oder Grünanlagen ausdrücklich festzuhalten. Ein nur mündlich vereinbarter Lagezuschlag entfaltet keine rechtliche Wirkung.

5. Befristungsabschlag

Im Vollanwendungsbereich des MRG vermindert sich der höchstzulässige Hauptmietzins im Fall eines befristeten Hauptmietvertrages um 25% (§16 Abs 7 MRG). Diese Bestimmung gilt für Neuvermietungen oder Vertragsverlängerungen ab dem 1. Juli 2000. Damit will der Gesetzgeber erreichen, dass sich ein Vermieter im Hinblick auf die drohende Mietzinsminderung doch dazu entscheidet, mit dem Mieter einen unbefristeten Mietvertrag abzuschließen.

Tipp

Zu beachten ist, dass im Hauptmietvertrag eine (schriftliche) ziffernmäßige Gegenüberstellung des für ein unbefristetes Mietverhältnis zulässigen und des tatsächlich vereinbarten Hauptmietzinses vorzunehmen ist. Unterlässt man dies, so bleibt der Befristungsabschlag auch dann wirksam, wenn der bislang befristete Hauptmietvertrag in einen unbefristeten umgewandelt wird.[32] Der Befristungsabschlag entfällt also nur dann, wenn eine derartige Gegenüberstellung auch tatsächlich im Mietvertrag vorgenommen wurde.

[32] Vgl § 16 Abs 7 Satz 2

6. Entgelt für mitvermietete Einrichtungsgegenstände oder sonstige Leistungen

Stellt der Vermieter dem Hauptmieter Einrichtungsgegenstände zur Verfügung oder verpflichtet er sich auch zu anderen Leistungen, so darf gemäß § 25 MRG hiefür nur ein angemessenes Entgelt verlangt werden. Zu berücksichtigen sind aber nur jene Ausstattungsgegenstände, die nicht schon bei der Ausstattungskategorie berücksichtigt wurden und Eingang bei der Berechnung des Mietzinses gefunden haben.

Die Berechnung des angemessenen Entgelts für die dem Mieter zur Verfügung gestellten Einrichtungsgegenstände erfolgt nach der im Zeitpunkt des Vertragsabschlusses gegebenen restlichen Nutzungsdauer und dem Nutzungswert zuzüglich eines angemessenen Gewinns. Der errechnete Betrag kann monatlich während der gesamten Vertragsdauer verlangt werden und nicht nur während des Zeitraumes der Restnutzungsdauer.

Tipp

Es ist darauf zu achten, dass ein Entgelt für Einrichtungsgegenstände nur dann zusteht, wenn dies gesondert vereinbart wurde.

7. Untermietzins

Wird der Mietgegenstand zur Gänze untervermietet, so darf im Vollanwendungsbereich des MRG der Untermietzins den vom Untervermieter zulässigerweise zu entrichtenden Hauptmietzins um nicht mehr als 50% übersteigen. Grundlage der Ermittlung des zulässigen Untermietzinses ist der vom Hauptmieter tatsächlich zu entrichtende Mietzins. Die Zulässigkeit der Höhe des Betrages wird ausgehend vom Zeitpunkt des Mietvertragsabschlusses geprüft. Die Bestimmung des § 26 MRG entfaltet ihre Wirkung lediglich im Verhältnis zwischen Untervermieter und Untermieter. Primär soll der Untermieter durch diese Bestimmung geschützt werden, sodass es diesem freisteht, sich gegenüber seinem Untervermieter auf die Teilunwirksamkeit der Mietzinsvereinbarung zu berufen.

Bei der Bestimmung des vom Untermieter zulässigerweise zu entrichtenden Mietzinses sind die vom Untervermieter getätigten Aufwendungen zur Verbesserung des Mietgegenstandes angemessen zu berücksichtigen, soweit sie für den Untermieter von objektivem Nutzen sind.

Tipp

Auch bei einem Untermietverhältnis vermindert sich der höchstzulässige Untermietzins im Falle eines befristeten Untermietvertrages um 25%. Es ist wiederum auf die Notwendigkeit einer Gegenüberstellung des für ein unbefristetes Mietverhältnis zulässigen und des tatsächlich vereinbarten Untermietzinses in schriftlicher Form hinzuweisen.

Vereinbarungen über den Untermietzins sind insoweit unwirksam, als der vereinbarte Untermietzins die zulässigen Höchstbeträge überschreitet. Diese Unwirksamkeit ist binnen drei Jahren gerichtlich oder bei der Schlichtungsstelle geltend zu machen. Bei befristeten Untermietverträgen endet diese Frist frühestens sechs Monate nach Auflösung des Mietverhältnisses oder nach seiner Umwandlung in ein unbefristetes Mietverhältnis, die Verjährungsfrist beträgt in diesem Fall zehn Jahre.

8. Geschäftsräumlichkeiten

Wird der Mietgegenstand teils als Wohnung, teils als Geschäftsräumlichkeit verwendet, darf nur der für Wohnungen zulässige Hauptmietzins verrechnet werden, es sei denn, die Verwendung zu Geschäftszwecken überwiegt die Verwendung zu Wohnzwecken bei Weitem.

Wird der für Geschäftsräumlichkeiten zulässige angemessene Mietzins überschritten, so kann ein Unternehmer die Überschreitung nur dann geltend machen, wenn er diese unverzüglich, spätestens jedoch bei Übergabe des Bestandobjektes gerügt hat.

9. Unwirksame Mietzinsvereinbarungen

Übersteigt der vereinbarte Hauptmietzins den nach § 16 Abs 1–7 MRG zulässigen Höchstbetrag, so ist die getroffene Mietzinsvereinbarung in diesem Bereich unwirksam. Die Unwirksamkeit ist binnen drei Jahren gerichtlich oder bei der Schlichtungsstelle geltend zu machen. Bei befristeten Hauptmietverhältnissen endet diese Frist sechs Monate nach Auflösung des Mietverhältnisses oder nach seiner Umwandlung in ein unbefristetes Mietverhältnis. Dasselbe gilt für den Fall, dass durch die Anwendung einer Wertsicherungsvereinbarung ein höherer Hauptmietzins als der zulässige erreicht wird.[33]

! Tipp

Zu beachten ist, dass bei Vornahme einer neuen Mietzinsvereinbarung oder der Anwendung einer Wertsicherungsvereinbarung wiederum eine gerichtliche Überprüfung der Zulässigkeit möglich ist.

Wird vom Gericht oder der Schlichtungsstelle eine überhöhte Mietzinsvereinbarung festgestellt, so ist der Mieter in Hinkunft nur verpflichtet, den gesetzlich zulässigen Hauptmietzins zu bezahlen. Er ist weiters berechtigt, den Teil des Mietzinses, der über der gesetzlich zulässigen Höhe hinaus bezahlt wurde, vom Vermieter zurückzufordern. Bei befristeten Mietverhältnissen beträgt die Verjährungsfrist für die Rückforderung zu viel geleisteter Mietzinsteile zehn Jahre, bei unbefristeten Mietverhältnissen hingegen lediglich drei Jahre. Macht der Mieter bei einem befristeten Mietverhältnis nicht spätestens vor Ablauf von sechs Monaten nach dessen Auflösung oder nach dessen Umwandlung in ein

[33] Vgl § 16 Abs 9 Satz 1

unbefristetes Mietverhältnis die Unwirksamkeit der Mietzinsvereinbarung geltend oder macht er dies bei unbefristeten Mietverträgen nicht innerhalb von drei Jahren geltend, kann er weder das zu viel Geleistete zurückfordern, noch verlangen, dass er in Hinkunft nur mehr den höchst zulässigen Mietzins bezahlen muss.[34]

10. Unwirksamkeit von Zinsanpassungsklauseln und Mietzinsvereinbarungen

Vereinbarungen, die eine Erhöhung des Hauptmietzinses für den Fall einer Änderung der gesetzlichen Vorschriften über die Höhe des Hauptmietzinses vorsehen (= Zinsanpassungsklauseln), sind gemäß § 16a MRG rechtsunwirksam. Das gilt selbst für Vereinbarungen, in denen sich der Mieter für den Fall einer Änderung der gesetzlichen Vorschriften über die Höhe des gesetzlichen Hauptmietzinses zum Abschluss einer neuen Mietzinsvereinbarung verpflichtet hat.

Tipp

Hat der Mieter aufgrund des Vorliegens einer Zinsanpassungsklausel eine neue Mietzinsvereinbarung geschlossen, so ist diese Vereinbarung rechtsunwirksam und die früher getroffene Mietzinsvereinbarung gilt weiterhin.

11. Mietzinsüberprüfung

Unterliegt die Mietzinsbildung den Vorschriften des MRG, kann der vereinbarte Hauptmietzins vom Gericht oder von der Schlichtungsstelle überprüft werden. Der Antrag auf Mietzinsüberprüfung kann sowohl vom Vermieter als auch vom Mieter gestellt werden.[35] Die Überprüfung

34 5 Ob 187/99g

35 5 Ob 393/97y; 5 Ob 249/98y

der Angemessenheit des vereinbarten oder begehrten Mietzinses findet im Außerstreitverfahren statt. Für die Geltendmachung der Unwirksamkeit sieht das Gesetz bestimmte Fristen vor. Ist das Hauptmietverhältnis als auch das Untermietverhältnis ein unbefristetes, so ist die Unwirksamkeit der Mietzinsvereinbarung binnen drei Jahren nach Abschluss der Vereinbarung gerichtlich oder bei der Schlichtungsstelle geltend zu machen. Nach Ablauf dieser Frist kann die Unwirksamkeit der Mietzinsvereinbarung nicht mehr geltend gemacht werden. Zu beachten ist aber, dass eine Ablaufhemmung dieser Frist dann eintritt, wenn Vergleichsverhandlungen über die Höhe eines vereinbarten Hauptmietzinses geführt werden. Der im Mietvertrag erklärte Verzicht auf Geltendmachung der Unwirksamkeit einer Mietzinsvereinbarung nach § 16 Abs 8 MRG ist unwirksam.

Liegt ein befristetes Mietverhältnis vor, endet die Frist zur Überprüfung der Mietzinsvereinbarung frühestens sechs Monate nach Auflösung des Mietverhältnisses oder nach seiner Umwandlung in ein unbefristetes Mietverhältnis.

! Tipp

Die Wirksamkeit und Zulässigkeit einer Mietzinsvereinbarung richtet sich stets nach dem Zeitpunkt ihres Abschlusses, sodass ausdrücklich darauf hingewiesen wird, dass bei den sogenannten „Altverträgen" (= vor dem 1.3.1994 abgeschlossene Verträge) die Vorschriften, die zum Zeitpunkt des Abschlusses der Vereinbarung in Kraft gestanden sind, zu beachten sind. Daher kann auch durchaus der Fall eintreten, dass ein nach heutigen Grundlagen als überhöht bezeichneter Mietzins durchaus wirksam vereinbart wurde.

Allerdings hat der Gesetzgeber in § 16 Abs 9 MRG angeordnet, dass für den Fall, dass eine Wertsicherungsklausel vereinbart wurde, eine Anpassung, die einen höheren Hauptmietzins als zum heutigen Zeitpunkt zulässig bewirken würde, in dem übersteigenden Teil unwirksam ist.

Auch die Unwirksamkeit des erhöhten Hauptmietzinses, die sich durch die Anwendung einer Wertsicherungsvereinbarung ergibt, ist innerhalb der oben dargestellten Fristen ab dem gestellten Erhöhungsbegehren geltend zu machen.

Zu unterscheiden ist weiters zwischen der Geltendmachung der Unwirksamkeit des vereinbarten Mietzinses und der Verjährung hinsichtlich der Rückforderungsmöglichkeit allfälliger zu viel bezahlter Mietbeträge. Die Verjährung der Rückforderungsmöglichkeit tritt bei unbefristeten Hauptmietverhältnissen bereits nach drei Jahren, im Fall befristeter Mietverhältnisse jedoch erst nach zehn Jahren ein. Nach Ablauf dieser Verjährungsfrist soll der Mieter die zu viel bezahlten Mietzinse auch dann nicht zurückfordern können, wenn er die zugrunde liegende Mietzinsvereinbarung fristgerecht und erfolgreich angefochten hat. Die Verjährungsfrist läuft ab Abschluss der vertraglichen Vereinbarung. Allerdings sind auch hier die geltenden Regelungen über die Hemmung und Unterbrechung der Verjährungsfristen anzuwenden.

IX. Kapitel Erhöhung des Mietzinses

Stehen massive Sanierungs- und Erhaltungsarbeiten an, besteht die Möglichkeit der Einhebung eines erhöhten Mietzinses. Dieses Kapitel sagt Ihnen, was Sie dabei beachten müssen!

1. Voraussetzungen

Unter vom Gesetz genau festgelegten Voraussetzungen kann der Vermieter bei Gericht oder bei der Schlichtungsstelle eine Erhöhung des Hauptmietzinses begehren. Dies ist dann der Fall, wenn die Kosten einer vom Vermieter durchzuführenden, unmittelbar anstehenden größeren Erhaltungsarbeit einschließlich Verzinsung und Geldbeschaffungskosten in der Mietzinsreserve der letzten zehn Kalenderjahre keine Deckung finden. Weiters müssen diese Kosten die während des Verteilungszeitraumes zu erwartenden Hauptmietzinseinnahmen übersteigen.

2. Verfahren

Das Verfahren zur Feststellung der zulässigen Mietzinserhöhung ist überaus komplex und wird in der Folge nur in Grundzügen dargestellt:

In einem ersten Schritt sind zunächst die angemessenen Kosten der notwendigen Finanzierung der Erhaltungsarbeiten festzustellen. Dazu werden die voraussichtlichen Kosten um höchstens fünf Prozent für die Kosten der Bauverwaltung und Bauüberwachung erhöht. Von dieser Summe ist die Hauptmietzinsreserve einschließlich der alten Erhaltungs- und Verbesserungsbeiträge der letzten zehn Jahre abzuziehen. (Vgl zur Berechnung der Hauptmietzinsreserve Kapitel X, Grafik auf Seite 127.) Ist ein Mietzinsabgang festzustellen, dh die Ausgaben übersteigen die Einnahmen, wird dieser den Baukosten hinzugezählt. Die nach Vornahme dieser Berechnung verbleibende ungedeckte Summe wird als Deckungsfehlbetrag bezeichnet.

Nunmehr ist das monatliche Deckungserfordernis zu berechnen. Dieses ergibt sich aus dem Deckungsfehlbetrag, den Geldbeschaffungskosten für die darlehensweise Aufnahme des Deckungsfehlbetrages und den Annuitäten samt angemessener Verzinsung des Kapitals. Weiters erfolgt die Hinzurechnung eines Pauschalbetrages zur Deckung der Kosten von laufend wiederkehrenden Erhaltungsarbeiten sowie der laufend fällig werdenden Aufwendungen für die mit dem Eigentum verbundene Vermögenssteuer. Die sich ergebende Gesamtsumme wird auf einen Gesamtverteilungszeitraum von höchstens zehn Jahren aufgeteilt. Die auf ein Jahr entfallenden Kosten werden wiederum in Monatsbeträge umgelegt.

Die nächste festzustellende Rechengröße sind die anrechenbaren monatlichen Hauptmietzinse. Dabei handelt es sich um fiktive, also nicht zwangsläufig tatsächlich erzielte Mietzinse aller vermietbaren Mietgegenstände des Hauses. Zur Ermittlung der anrechenbaren monatlichen Hauptmietzinse sind sowohl die vermieteten, die vom Vermieter benützten oder trotz ihrer Vermietbarkeit leer stehenden Mietgegenstände des Hauses zu berücksichtigen, wobei die Berechnung dieser Mietzinse nach den Vorschriften des § 20 Abs 2 Z 1 lit b–d MRG erfolgt. Daraus ergeben sich folgende Beträge:

Wohnungen

Ausstattungskategorie A	100% des Richtwertes
Ausstattungskategorie B	75% des Richtwertes
Ausstattungskategorie C	50% des Richtwertes
Ausstattungskategorie D	0,77 Euro (Stand 2009)

In Wohnungseigentum stehende Objekte

Hier kommt der jeweilige Kategoriebetrag gem § 15 Abs 3 MRG zum Tragen:

Ausstattungskategorie A	23,08 Euro
Ausstattungskategorie B	2,31 Euro
Ausstattungskategorie C	1,54 Euro
Ausstattungskategorie D	0,77 Euro

Geschäftsräumlichkeiten

Für Geschäftsräume sind 100% des Richtwertes zu veranschlagen, maximal jedoch der angemessene Mietzins, wenn dieser niedriger als der Richtwertmietzins ist.

Leer stehende Objekte

Für Objekte des Hauses, die der Vermieter trotz ihrer Vermietbarkeit länger als sechs Monate leer stehen lässt, ist das Eineinhalbfache der jeweils zulässigen oben genannten Beträge anzusetzen.

Keine Erhöhung

Eine Erhöhung der Hauptmietzinse für eine Wohnung kann vom Vermieter dann nicht verlangt werden, wenn es sich um eine Wohnung der Ausstattungskategorie D handelt und für sie ein Hauptmietzins vereinbart wurde, der den Kategoriemietzins D in derzeitiger Höhe von 0,77 Euro pro m^2 Nutzfläche im Monat übersteigt; weiters wenn es sich um einen befristeten Hauptmietvertrag handelt und die vereinbarte Vertragsdauer weniger als vier Jahre beträgt.

Ergibt sich nunmehr, dass das errechnete monatliche Deckungserfordernis zwar kleiner als die (fiktiven) monatlichen Hauptmietzinse, aber größer als die tatsächlich entrichteten Hauptmietzinse ist, so erfolgt die Erhöhung gemäß § 18 Abs 2 MRG bis zu dem für das betreffende Objekt herangezogenen (fiktiven) Mietzins laut obiger Aufstellung, dh entweder bis zum entsprechenden Kategoriemietzins oder Richtwertmietzins. In diesem Fall spricht man von einem „angehobenen" Mietzins.

Übersteigt aber das ermittelte monatliche Deckungserfordernis die Summe der (fiktiven) Hauptmietzinse, so kann der Vermieter von jedem Hauptmieter eines Mietgegenstandes im Haus neben einem allenfalls bereits angehobenen Mietzins einen sogenannten „erhöhten" Mietzins begehren. Der Mieter wird zur Zahlung des Differenzbetrages am nicht gedeckten Teil des Deckungserfordernisses entsprechend dem Verhältnis der Nutzfläche seines Bestandobjektes verpflichtet.

Die Verpflichtung zur Zahlung eines angehobenen oder erhöhten Mietzins besteht nur für den Gesamtverteilungszeitraum, also längstens für zehn Jahre.

Wird vor der Durchführung einer Erhaltungsarbeit eine Erhöhung des Hauptmietzinses begehrt, kann ein Antrag auf Feststellung gestellt werden, ob und inwieweit die Erhaltungsarbeit die Erhöhung des Hauptmietzinses rechtfertigt und innerhalb welchen Zeitraumes die dafür erforderlichen Kosten aus den Hauptmietzinsen zu decken sind. Verpflichtet sich nun der Vermieter, die in der Grundsatzentscheidung genannten Erhaltungsarbeiten innerhalb einer angemessenen Frist zu beginnen und durchzuführen, so kann das Gericht wiederum auf Antrag hin aussprechen, dass eine vorläufige Erhöhung des Hauptmietzinses zulässig ist. Da es sich hier nur um ein vorläufiges Verfahren handelt, kann der Antrag auf Mietzinserhöhung im Hauptverfahren ohne Weiteres durch Sachbeschluss abgewiesen werden.

3. Antrag

Zur Antragstellung auf Genehmigung der Einhebung eines erhöhten Hauptmietzinses berechtigt sind: der Vermieter, die Gemeinde, in deren Sprengel sich das Haus befindet, im eigenen Wirkungsbereich oder ein nach § 6 Abs 2 MRG bestellter Verwalter.

Dem Antrag sind beizulegen:

- ein Kostenvoranschlag in dreifacher Ausfertigung
- Hauptmietzinsabrechnung über die der Antragstellung unmittelbar vorausgegangenen zehn Kalenderjahre
- eine Aufstellung, die alle vermieteten, vermietbaren oder vom Vermieter benützten Mietgegenstände des Hauses enthält, wobei von jedem Mietgegenstand die Nutzfläche, die Ausstattungskategorie bei Wohnungen, die Höhe des monatlichen Hauptmietzinses, die Höhe des anrechenbaren Hauptmietzinses sowie der Vor- und Zuname des Mieters anzuführen sind
- Berechnung des Deckungsfehlbetrages und des monatlichen Deckungserfordernisses
- Finanzierungsplan einschließlich allfälliger Kreditzusagen

Wird der Antrag bewilligt, ist durch den Vermieter der Auftrag zur Vornahme der beantragten Erhaltungsarbeit binnen einer angemessenen, ein Jahr nicht übersteigenden Frist zu erteilen. Stellt sich nach Ablauf dieser Frist heraus, dass der Vermieter dieser Pflicht nicht nachgekommen ist oder die aufgetragenen Arbeiten nicht durchführbar sind, so ist auf Antrag eines Mieters die Bewilligung zur Einhebung eines erhöhten Hauptmietzinses zu widerrufen. Der Vermieter ist in diesem Fall verpflichtet, die von den Mietern des Hauses entrichteten Hauptmietzinse zuzüglich einer angemessenen Verzinsung (idR der gesetzliche Zinssatz) binnen 14 Tagen bei sonstiger Exekution zurückzuerstatten.

Die erteilte Bewilligung auf Einhebung eines erhöhten Hauptmietzinses kann nachträglich abgeändert werden. Stellt sich beispielsweise während der Durchführung der aufgetragenen Erhaltungsarbeit heraus, dass sich die veranschlagten Kosten geändert haben und daher die zur Finanzierung des Deckungserfordernisses bewilligte Einhebung eines erhöhten Hauptmietzinses zur Deckung dieses Aufwandes nicht ausreicht (oder überhöht ist), so ist auf Antrag des Vermieters oder eines Hauptmieters der erhöhte Hauptmietzins neu zu berechnen und für die restliche Dauer des Verteilungszeitraumes dementsprechend zu erhöhen oder zu senken.

Erhöhung des Hauptmietzinses – §§ 18ff MRG

Voraussetzung einer Mietzinserhöhung im Vollanwendungsbereich des MRG ist, dass die Kosten einer vom Vermieter durchzuführenden, unmittelbar anstehenden größeren Erhaltungsarbeit in der Summe der in den vorausgehenden 10 Jahren gebildeten Mietzinsreserve (oder Mietzinsabgänge) keine Deckung findet und die während des Verteilungszeitraums zu erwartenden Hauptmietzinseinnahmen übersteigt.

Berechnung des monatlichen Deckungserfordernisses

monatliches Deckungserfordernis:

$$= \frac{\text{Deckungsfehlbetrag (+Finanzierungskosten) x Annuitäten}}{12} + \text{Pauschalbetrag}$$

Deckungsfehlbetrag:

= (Kosten der Arbeiten + bis 5% Bauüberwachung und -verwaltung) minus Mietzinsreserve oder plus Mietzinsabgang

X. Kapitel Hauptmietzinsabrechnung - § 20 MRG

Eine richtige Hauptmietzinsabrechnung erspart viel Ärger. In diesem Kapitel werden die einzelnen zulässigen Positionen auf Einnahmen- und Ausgabenseite detailliert aufgeschlüsselt, eine Checkliste hilft bei der Berechnung der Mietzinsreserve.

1. Allgemeines

Der Vermieter hat jeweils bis zum 30. Juni eine Abrechnung über die Einnahmen und Ausgaben für das vorausgegangene Kalenderjahr zu legen. Diese Abrechnung hat in übersichtlicher Form zu erfolgen und detailliert Einnahmen und Ausgabenposten aufzuschlüsseln. Dies muss derart erfolgen, dass jeder durchschnittliche Mieter in der Lage ist, diese Abrechnung nachzuvollziehen. Der Vermieter ist verpflichtet, die Abrechnung an einer geeigneten Stelle im Haus zur Einsicht durch die Hauptmieter aufzulegen und den Hauptmietern Einsicht in die Belege, bei Belegen auf Datenträgern Einsicht in Ausdrucke der Belege, zu gewähren. Weiters hat der Vermieter auf Verlangen eines Hauptmieters Abschriften, Kopien oder weitere Ausdrucke der Mietzinsabrechnung und der Belege auf Kosten des Hauptmieters anfertigen zu lassen. Der Mieter hat auf Verlangen des Vermieters einen angemessenen Kostenvorschuss für die Anfertigung der Kopien zu leisten, wobei nach der Judikatur ein Betrag von 0,58 Euro pro Kopie als angemessen gilt.[36]

Kommt der Vermieter diesen Verpflichtungen zur Abrechnung und Einsichtgewährung sowie Anfertigung von Abschriften nicht nach, so kann er auf Antrag eines Hauptmieters vom Gericht bzw der Schlichtungsstelle dazu verhalten werden. Weigert er sich auch bei der mündlichen Verhandlung vor Gericht oder der Schlichtungsstelle dieser Verpflichtung nachzukommen, so ist dem Vermieter auf Antrag eines Hauptmieters unter Androhung einer Ordnungsstrafe bis zu 2.000 Euro aufzutragen, binnen einer angemessenen, 14 Tage nicht übersteigenden Frist seinen Verpflichtungen nachzukommen. Kommt der Vermieter diesem Auftrag weiterhin ungerechtfertigterweise nicht nach, so ist die Ordnungsstrafe zu vollziehen. Diese Ordnungsstrafe kann auch wiederholt verhängt werden.

---

36 5 Ob 71/98x

2. Inhalt der Hauptmietzinsabrechnung

Eine ausreichende Rechnungslegung liegt nach der Judikatur nicht vor, wenn lediglich Gesamtsummen ausgewiesen werden, ohne deren Berechnungsgrundlagen nach einzelnen Entstehungsgründen darzustellen. Bei den Ausgaben ist auf die jeweils dazugehörigen Belege zu verweisen. Folgende Positionen muss eine korrekte Hauptmietzinsabrechnung aufweisen:

a) Einnahmen

In der Abrechnung müssen nachstehende Einnahmen ausgewiesen werden:

- tatsächlich entrichtete Hauptmietzinse (auch der erhöhte Hauptmietzins)
- für Objekte des Hauses, die der Vermieter benützt, pro m² der Nutzfläche und Monat:
  - für Geschäftsräumlichkeiten der Richtwert oder der angemessene Mietzins, sollte dieser niedriger als der Richtwert sein, ist der Richtwert heranzuziehen
  - für Wohnungen der Ausstattungskategorie A der Richtwert
  - für Wohnungen der Ausstattungskategorie B 75 % des Richtwertes
  - für Wohnungen der Ausstattungskategorie C 50 % des Richtwertes
  - für Wohnungen der Ausstattungskategorie D derzeit 0,77 Euro
- für Objekte eines Hauses, die ein Wohnungseigentümer benützt oder vermietet, die Kategoriebeträge gemäß § 15 Abs 3 MRG pro m² der Nutzfläche und Monat, sohin:
  - für Wohnungen der Ausstattungskategorie A 3,08 Euro
  - für Wohnungen der Ausstattungskategorie B 2,31 Euro
  - für Wohnungen der Ausstattungskategorie C 1,54 Euro
  - für Wohnungen der Ausstattungskategorie D 0,77 Euro

(Stand 1.9.2009)

- für Objekte des Hauses, die der Vermieter trotz ihrer Vermietbarkeit länger als sechs Monate leer stehen lässt, das Eineinhalbfache des für die Eigennutzung des Vermieters anzusetzenden Betrages pro m^2 Nutzfläche und Monat, die sechsmonatige Frist erhöht sich um ein Jahr, wenn der Vermieter zur Anhebung des Standards eines Mietgegenstandes nützliche Verbesserungen durchführen lässt
- 25% der vom Vermieter aus der Vermietung oder Überlassung von Dach- oder Fassadenflächen des Hauses zu Werbezwecken erzielte Einnahmen
- Zuschüsse, die dem Vermieter zur Durchführung einer Erhaltungs- oder nützlichen Verbesserungsarbeit gewährt wurden
- auch sogenannte „verbotene Ablösen“ gemäß § 27 Abs 4 MRG

Nicht ausgewiesen werden müssen Mietzinseinnahmen aus Mietverhältnissen, die nicht dem MRG und seinen Mietzinsbildungsvorschriften unterliegen. In diesem Fall sind lediglich die fiktiven Mietzinseinnahmen hinsichtlich der Eigennutzung durch den Vermieter heranzuziehen. Ebenfalls nicht in die Abrechnung mit aufgenommen werden müssen die Verwaltungskostenpauschale und die Beiträge für Hausbesorgerarbeiten, soweit diese Arbeiten durch den Vermieter vorgenommen werden.

! Tipp

Mieterträge aus Objekten, die nicht Mietgegenstände im Sinne des § 1 Abs 1 MRG sind, wie beispielsweise Stellplätze, Flächenmiete oder neutrale Objekte, müssen nicht in der Abrechnung ausgewiesen werden.

b) Ausgaben

In der Abrechnung dürfen nachstehende Ausgaben ausgewiesen werden:

- durch Rechnungen und Zahlungsbelege belegte Kosten der Aufwendungen der zur ordnungsgemäßen Erhaltung oder nützlichen Verbesserung des Hauses durchgeführten Arbeiten
- 20% der anhand von Rechnungen und Zahlungsbelegen belegten Kosten, die der Vermieter in Kalenderjahren, in denen von den Hauptmietern des Hauses kein erhöhter Hauptmietzins eingehoben wurde, zur ordnungsgemäßen Erhaltung oder nützlichen Verbesserung des Hauses aufgewendet hat → Investitionsprämie
- vom Vermieter für die mit dem Eigentum des Hauses verbundene entrichtete Vermögenssteuer samt Zuschlägen
- Aufwendungen, die zur Tilgung und Verzinsung eines Förderungsdarlehens des Bundes, eines Landes oder eines öffentlich-rechtlichen Fonds geleistet wurden; diese Aufwendungen sind dann nicht als Ausgabe in die Abrechnung aufzunehmen, wenn sich das Darlehen ausschließlich auf vom Vermieter benützte oder trotz ihrer Vermietbarkeit leer stehende Objekte bezieht
- vom Vermieter an den Vormieter bezahlte Ablösebeträge für von diesem getätigte Aufwendungen auf eine Wohnung im Sinne des § 10 Abs 6 MRG
- sofern der Vermieter im Abrechnungsjahr keine erhöhten Mietzinse vereinnahmt hat, vom Überschuss der Einnahmen über die Ausgaben
  - bei Einkommenssteuerpflicht → 35%
  - bei Körperschaftssteuerpflicht → 25%

Beachte: Wenn der Vermieter die Kosten für die Erstellung eines Energieausweises unter den Ausgaben verrechnet, hat er jedem Hauptmieter auf dessen Verlangen Einsicht in den Energieausweis zu gewähren und ihm gegen Ersatz der Kopierkosten eine Ablichtung desselben zur Verfügung zu stellen. (§ 20 Abs 5 MRG)

Der Differenzbetrag zwischen Einnahmen und Ausgaben stellt die Hauptmietzinsreserve (bei positivem Ergebnis) oder den Mietzinsabgang (bei negativem Ergebnis) dar. Sowohl die Hauptmietzinsreserve als auch der Mietzinsabgang stellen lediglich eine reine Rechnungsgröße dar, insbesondere für den Bereich der Erhöhung der bestehenden Mietzinse wegen anstehender Erhaltungsarbeiten. Es besteht keine Verpflichtung des Vermieters, tatsächlich eine solche Reserve anzulegen bzw eine solche einem Käufer des Hauses herauszugeben.

Berechnung der Mietzinsreserve*

Einnahmen

Arten		Summe
- Hauptmietzinse (plus vorhandener Erhaltungs- und Verbesserungsbeitrag)		______
- vom Vermieter genützte Objekte:		
Geschäfte (Richtwert oder, wenn niedriger, der angemessene Mietzins)		______
Wohnungen Kat A	100% RWZ	______
Wohnungen Kat B	75% RWZ	______
Wohnungen Kat C	50% RWZ	______
Wohnungen Kat D	Kategoriemietzins	______
- von Wohnungseigentümer selbst genützte Objekte:		
Summe der jeweils geltenden Kategoriemietzinse (Kategorie zum Zeitpunkt der WE-Begründung)		______
- trotz Vermietbarkeit leer stehende Objekte: länger als 6 Monate (bei Sanierungsarbeiten ab 18 Monaten)	150% des jeweiligen RWZ	______
- **Zuschüsse,** die dem Vermieter aus Anlass der Durchführung von Erhaltungs- und Verbesserungsarbeiten gewährt wurden		______
- Vermietung von Dach- oder Fassadenflächen 25% der Einnahmen		______
- Beträge gem § 27 Abs 4 MRG (verbotene Ablösen, dies ungeachtet allfälliger Rückforderungen)		______

Einnahmen Gesamtsumme

* Stellt eine fiktive Rechengröße dar.

Berechnung der Mietzinsreserve

Ausgaben

Arten	Summe
- Erhaltungs- und Verbesserungsaufwand	
(durch Belege nachweisbar)	________
- Investitionsprämie	
20% des vorgenommenen Erhaltungs- und Verbesserungsaufwandes*	________
- auf das Haus entfallende Vermögenssteuer	________
- Rückzahlungen	________
aufgewendete Beträge zur Tilgung und Verzinsung eines geförderten Darlehens (beachte aber § 20 Abs 2 lit d MRG)	
- Ablösezahlungen an Vormieter (§ 10 Abs 6 Satz 3 MRG)	________
- Kosten für die Erstellung eines Energieausweises (§ 20 Abs 2 lit f MRG)	________
- bei Einkommensteuerpflicht des Vermieters:	
35% vom Überschuss der Einnahmen über die Ausgaben*	________
- bei Körperschaftsteuerpflicht des Vermieters:	
25% vom Überschuss der Einnahmen über die Ausgaben*	________

Ausgaben Gesamtsumme

Hauptmietzinsreserve = Überschuss der Einnahmen über die Ausgaben

Hauptmietzinspassivum = Überschuss der Ausgaben über die Einnahmen

* Nur zulässig, wenn kein erhöhter Hauptmietzins eingehoben wird.

XI. Kapitel Betriebskosten

Betriebskostenabrechnungen werden immer wieder erfolgreich von Mietern angefochten. In diesem Kapitel finden Sie die Betriebskostenpositionen, die Sie gesichert auf den Mieter überwälzen dürfen.

1. Betriebskosten

a) Begriff

In der Praxis gibt es zwischen Vermieter und Mieter häufig Meinungsverschiedenheiten darüber, in welchem Ausmaß der Mieter Betriebskosten zu bezahlen hat und welche Kosten überhaupt als Betriebskosten gelten.

Unter den Betriebskosten eines Gebäudes sind jene Kosten zu verstehen, die im Zusammenhang mit dem Gebrauch und der Benützung des Gebäudes und seiner Anlagen im jeweiligen Zustand entstehen. Nicht darunter fallen jedoch die Kosten der Instandhaltung des Gebäudes. Das MRG regelt in seinen §§ 21–23 detailliert, was unter Betriebskosten zu verstehen ist. Allerdings gelten diese Regelungen im Wesentlichen nur im Vollanwendungsbereich des MRG. Die Anwendbarkeit außerhalb des Vollanwendungsbereichs kann sich entweder aus förderungsrechtlichen Bestimmungen ergeben, beziehungsweise gelten diese Bestimmungen auch für Mietgegenstände in Gebäuden, die von einer gemeinnützigen Bauvereinigung im eigenen Namen errichtet wurden.

Tipp

Im Nicht- oder Teilanwendungsbereich des MRG können die Vertragsparteien grundsätzlich auch die zu verrechnenden Betriebskosten frei vereinbaren. Es ist aber jedenfalls seitens des Vermieters empfehlenswert, auch dort auf die Bestimmungen der §§ 21–24 MRG zu verweisen und diese zum Vertragsinhalt zu machen. Darüber hinaus können aber noch weitere zusätzliche Vereinbarungen hinsichtlich der Betriebskosten getroffen werden.

b) Betriebskosten im Vollanwendungsbereich des MRG

Die Aufzählung in § 21 Abs 1 MRG ist taxativ, das heißt, dass darüber hinaus keine weiteren Betriebskosten auf den Mieter überwälzt werden dürfen. Der Vermieter ist gemäß § 21 Abs 3 MRG verpflichtet, eine Abrechnung der im Laufe des Kalenderjahres fällig gewordenen Betriebskosten und öffentlichen Abgaben spätestens zum 30. Juni des folgenden Kalenderjahres zu legen.

Tipp

Nimmt der Vermieter eine Ö-Norm gerechte Abrechnung vor (beispielsweise die Ö-NORM A 4000 „Abrechnung von Bewirtschaftungskosten von Gebäuden mit Miet- und Eigentumsobjekten"), so vermeidet er jedenfalls die Gefahr, dass die Abrechnung wegen eines formellen Mangels als nicht ordnungsgemäß zu qualifizieren ist (vgl zur Abrechnung Kapitel X).

c) Der Betriebskostenkatalog des § 21 Abs 1 MRG

Folgende Kosten, die der Vermieter aufgewendet hat, gelten als Betriebskosten:

Versorgung des Hauses mit Wasser

Das sind die Kosten für die Versorgung des Hauses mit Wasser aus einer öffentlichen Wasserleitung oder die Erhaltung der bestehenden Wasserversorgung aus einem Hausbrunnen oder einer nicht öffentlichen Wasserleitung. Weiters zählen dazu die Wassergebühren und Kosten, die durch die nach den Lieferbedingungen gebotenen Überprüfungen der Wasserleitungen erwachsen sowie die Kanalbenützungsgebühren.

Wasserversorgungskosten zählen nach der Judikatur jedenfalls und unabhängig davon, wie viel Wasser die einzelnen Mieter konkret verbrauchen, zu den Betriebskosten. Für den Betriebskostencharakter ist es ohne Bedeutung, wer die Kosten verursacht oder verschuldet hat. Daher gehört auch ein durch einen Rohrbruch bewirkter Wassermehrverbrauch zur Wasserversorgung eines Hauses.[37]

---

[37] 5 Ob 195/01i

Nicht zur Wasserversorgung zählen die Erhaltung einer privaten Wasserleitung, wenn daneben eine öffentliche Wasserleitung besteht, sowie Aufwendungen für das Auftauen der Wasserleitung oder die Kosten für die Neuherstellung eines Hausbrunnens. Auch die Behebung eines Rohrbruches zählt nicht zu den überwälzbaren Betriebskosten.[38]

Messvorrichtungen zur Verbrauchsermittlung

Wenn die Höhe einzelner Aufwendungen vom Verbrauch abhängig ist und der anteilige Verbrauch der Wohnungen und sonstigen Mietgegenstände des Hauses mit einem wirtschaftlich vernünftigen Kostenaufwand durch Messvorrichtungen ermittelt werden können, kann durch eine schriftliche Vereinbarung zwischen dem Vermieter und einer Mehrheit von mindestens zwei Dritteln der Mieter des Hauses eine Aufteilung dieser Aufwendungen nach den Verbrauchsanteilen festgelegt werden (§ 17 Abs 1a MRG). Die Kosten der Eichung, Wartung und Ablesung von Messvorrichtungen zur Verbrauchsermittlung zählen zu den Betriebskosten, nicht jedoch die Installation von solchen Messvorrichtungen. Die Installation fällt unter den Begriff der Erhaltungsarbeit und ist daher vom Vermieter zu tragen.

Rauchfangkehrung

Das sind die Kosten der aufgrund der Kehrordnung vorgeschriebenen, regelmäßig durchzuführenden Rauchfangkehrungen. Nicht darunter fallen jedoch die Kosten des Kaminausschleifens, der Behebung von Kaminschäden oder der Umleitung von Kaminen.

Kanalräumung

Auch die Kosten der Kanalräumung werden den Betriebskosten unterstellt. Dazu zählen die Kosten der Kanalräumung, der Leerung von Senkgruben und Ähnlichem. Nicht darunter fallen jedoch Erhaltungsarbeiten an bestehenden Kanälen.

---

[38] LGZ Wien 40 R 744/36; LGZ Wien 45 R 907/40; LGZ Wien 41 R 28/63

Unratabfuhr

Unter dem Begriff der Unratabfuhr ist in erster Linie die regelmäßige Beseitigung des Hausmülls zu verstehen. Gerümpel, alte Gebrauchsgegenstände, Bauschutt oder Sperrmüll sind nach der Judikatur nicht ohne Weiteres unter den Begriff des Unrates einzuordnen, weil die Kosten der Entfernung solcher Gegenstände grundsätzlich diejenigen Mieter treffen, von denen die Gegenstände stammen. Nur dann, wenn sich die Herkunft des Gerümpels nicht mehr feststellen lässt, sind die Kosten seiner Wegschaffung als Betriebskosten anzusehen. Dies aber auch nur dann, wenn die Beseitigung im Interesse aller Hausbewohner gelegen ist oder die Entfernung, wie etwa bei vollgeräumten Dachböden, aus feuerpolizeilichen Gründen behördlich angeordnet wird.[39]

Schädlingsbekämpfung

Die Kosten der Schädlingsbekämpfung können nur dann als Betriebskosten verrechnet werden, wenn es sich dabei um tierische Schädlinge handelt. Pflanzliche Organismen oder Viren werden davon nicht erfasst. So können die Kosten der Rattenbekämpfung oder die Kosten der Errichtung einer Taubenabwehranlage als Betriebskosten verrechnet werden, ebenso eine behördlich angeordnete Beseitigung von Taubenkot aus dem Dachboden.[40]

Kosten der Beleuchtung

Die Kosten für die entsprechende Beleuchtung der allgemein zugänglichen Teile des Hauses sowie erforderlichenfalls auch des Hofraumes und des Durchganges zu einem Hinterhaus stellen überwälzbare Betriebskosten dar. Dabei fallen auch Glühbirnen und Sicherungen unter diesen Punkt. Ebenfalls zu diesen Betriebskosten zählen die Kosten für die Behebung einer Stromstörung in Folge Überlastung der Leitungen bzw bei einem Kurzschluss, dies jedoch dann nicht, wenn sie aufgrund der Schadhaftigkeit des Leitungssystems entstanden sind (stellt dann

[39] 5 Ob 202/02w
[40] 5 Ob 202/02w

eine Erhaltungsarbeit dar). Nicht als Betriebskosten anzusehen sind die Kosten für die Neuherstellung eines Lichtschalters oder die Kosten für die Entlohnung eines Professionisten für die Auswechslung der Glühbirnen.

Versicherungskosten

Als Betriebskosten gelten die Kosten für eine angemessene Versicherung des Hauses, wobei folgende Versicherungsverträge erfasst sind:

- Feuerversicherung
- Haftpflichtversicherung
- Leitungswasserschadensversicherung
- Versicherungen des Hauses gegen andere Schäden, wie insbesondere Glasbruch hinsichtlich der Verglasung der der allgemeinen Benützung dienenden Räume des Hauses einschließlich aller Außenfenster
- Versicherungen gegen Sturmschäden, wenn die Mehrheit der Hauptmieter dem Abschluss, der Erneuerung oder der Änderung des Vertrages zugestimmt hat

Als angemessen versichert gilt ein Haus, wenn die Versicherungssumme so bemessen ist, dass sie den tatsächlichen Wertverhältnissen, also dem üblichen Neubauwert des Wohngebäudes entspricht.[41] Daraus ergibt sich aber auch, dass bei Vorliegen einer Überdeckung nur die Kosten einer entsprechenden angemessenen Versicherung auf die Mieter überwälzt werden dürfen.

Verwaltungskosten – § 22 MRG

Zur Deckung der Auslagen für die Verwaltung des Hauses einschließlich der Auslagen für Drucksorten, Buchungsgebühren und Ähnlichem darf der Vermieter ein Verwaltungshonorar verlangen. Dieser Verwaltungsbeitrag berechnet sich wie folgt:

---

[41] 5 Ob 337/59

Die Nutzfläche des Hauses wird mit dem nach § 15 a Abs 3 Z 1 MRG jeweils geltenden Betrag, also dem Kategoriemietzins A, multipliziert. Der sich daraus ergebende Betrag ist auf zwölf gleiche Monatsbeträge zu verteilen. Steigen die Beträge während eines Jahres, muss eine Aliquotierung vorgenommen werden, es ergeben sich daraus sogenannte Mischsätze.

Mit Geltendmachung dieser Verwaltungskosten wird die Tätigkeit eines Hausverwalters abgegolten. Der Vermieter kann dann also nicht die tatsächlich anfallenden Kosten der Hausverwaltung überwälzen. Nur der im Vollanwendungsbereich des MRG als überwälzbar vorgesehene Teil darf dem Mieter unter dem Titel „Betriebskosten" auferlegt werden. Jedes darüber hinausgehende, von wem auch immer für eine Verwaltungstätigkeit erhobene Zahlungsbegehren dem Mieter gegenüber ist nach der Judikatur unzulässig und verboten.[42] Daraus ergibt sich aber auch, dass zusätzliche Buchungsgebühren, Inkassospesen, Kontoführungskosten sowie Kosten der Ausstellung eines Mietvertrages nicht zusätzlich verrechnet werden dürfen.

Aufwendungen für die Hausbetreuung – § 23 MRG

Die Hausbetreuung umfasst nach dem Gesetz die Reinhaltung und Wartung jener Räume oder Teile des Hauses, die von allen oder mehreren Hausbewohnern benützt werden können; weiters solche allgemein nutzbaren Flächen und Anlagen der Liegenschaft, die in die Betreuungspflicht des Liegenschaftseigentümers fallenden Gehsteige einschließlich der Schneeräumung sowie die Beaufsichtigung des Hauses und der Liegenschaft.

Das Ausmaß der Aufwendungen hängt davon ab, wer die Hausbetreuung wahrnimmt. Erfolgt dies durch einen Dienstnehmer des Vermieters, so kann das dem Dienstnehmer gebührende angemessene Entgelt zuzüglich des Dienstgeberanteiles des Sozialversicherungsbeitrages und der sonstigen durch das Gesetz bestimmten Belastungen oder Abgaben sowie die Kosten der erforderlichen Gerätschaften oder

[42] 5 Ob 92/95

Materialien als Betriebskosten weiterverrechnet werden. Dasselbe gilt, wenn der Vermieter selbst die Hausbetreuung vornimmt. Bestellt der Vermieter einen Werkunternehmer, so ist der angemessene Werklohn als Betriebskosten anzusehen.

Ist ein Hausbesorger aufgrund eines Hausbesorgerdienstvertrages, der vor dem 1. 7. 2000 geschlossen wurde, beschäftigt, so kommt § 23 Abs 1 MRG alte Fassung zur Anwendung. Da noch einige dieser aufrechten Hausbesorgerdienstverhältnisse bestehen, soll nur kursorisch ein Überblick der im Zusammenhang mit der Hausbesorgertätigkeit stehenden Kosten, die auf den Mieter überwälzt werden dürfen, gegeben werden.

Im Wesentlichen handelt es sich dabei um folgende Kosten:

- dem Hausbesorger gebührende Entgelte und Ersatzleistungen zuzüglich der Kosten der für die Reinigungsarbeiten erforderlichen Gerätschaften und Materialien sowie der Kosten für das Ausmalen der Hausbesorgerwohnung,
- die gemäß § 13 Abs 3 Hausbesorgergesetz für die Beleuchtung der Dienstwohnung aufzuwendenden Kosten,
- den Dienstgeberanteil des Sozialversicherungsbeitrages und den sonstigen durch das Gesetz bestimmten Belastungen oder Abgaben,
- Abfertigung des Hausbesorgers: für die Ansparung der Abfertigung des Hausbesorgers kann der Vermieter von den Hauptmietern monatlich einen Betrag von höchstens 2,5% des monatlichen Bruttoentgeltes des Hausbesorgers einheben.

Öffentliche Abgaben

Darunter werden die von der Liegenschaft zu entrichtenden laufenden öffentlichen Abgaben verstanden, wobei Abgaben nicht überwälzt werden dürfen, wenn dies landesgesetzliche Bestimmungen anordnen.

Beispiel

Im Zuge der Betriebskostenüberprüfung fällt der Jus-Studentin Christine R. auf, dass die Grundsteuer für den doch recht großen Garten des Hauses anteilig auf die Mieter überwälzt wurde, obwohl die Mieter diesen nicht benützen dürfen. Die Überwälzung dieser Kosten ist nach der Rechtsprechung unzulässig.

d) Kostentragungspflicht bei Gemeinschaftsanlagen – § 24 MRG

Ist der Hauptmieter aufgrund des Mietvertrages oder einer anderen Vereinbarung berechtigt, eine der gemeinsamen Benützung der Bewohner dienende Anlage des Hauses, wie beispielsweise einen Lift, eine gemeinsame Wärmeversorgungsanlage oder eine zentrale Waschküche, zu benützen, so hat er sich anteilsmäßig an den Gesamtkosten des Betriebes dieser Gemeinschaftsanlagen zu beteiligen. Auch die Kosten für die Betreuung von Grünanlagen zählen zu diesen besonderen Aufwendungen des § 24 MRG.

Eingeschränkt wird diese Kostentragungspflicht durch das Erfordernis, dass der Mieter die Gemeinschaftsanlage auch objektiv nutzen kann. Ein freiwilliger Verzicht auf die Mitbenützung befreit den Mieter nicht von seiner Kostentragungspflicht. Insbesondere bei der Tragung von Liftkosten wird häufig von einzelnen Mietern vorgebracht, dass sie den Lift tatsächlich nicht benützen. Dazu hat die Judikatur ausgeführt, dass jene Mieter, die ein Recht zur Benützung einer Gemeinschaftsanlage haben und die überdies eine nicht bloß theoretische, sondern nach objektiven Kriterien vernünftige faktische Möglichkeit haben, den Lift zu benützen, an den Gesamtkosten des Liftbetriebes zu beteiligen sind.[43]

---

43 5 Ob 328/98s; 5 Ob 287/07b

Betriebskosten* – §§ 21–23 MRG

Wasserversorgung des Hauses aus einer öffentlichen Wasserleitung	→ nicht dazu zählen bspw: die Kosten für das Ablesen des Wasserzählers, die Behebung eines Rohrbruches, Instandhaltung der Hausleitung
Eichung, Wartung und Ablesung von Messvorrichtungen iSd § 17 Abs 1a MRG	
Kosten der Rauchfangkehrung, der Kanalräumung, der Unratabfuhr und der Schädlingsbekämpfung	→ nicht dazu zählen bspw: - die Kosten für Beseitigung der Versottung beim Kamin, Umleitung von Kaminen, Freilegung eines Kamins - Erhaltungsarbeiten am Kanal - Abtransport von Schnee, Entfernung von Gerümpel oder Bauschutt, wenn die Herkunft feststellbar ist - Behebung von Schäden, die durch Schädlinge hervorgerufen wurden
Kosten der Beleuchtung der allgemein zugänglichen Teile des Hauses	
Versicherungskosten für Feuer-, Haftpflicht-, Leitungswasserschäden-, Glasbruch- oder Sturmschadenversicherung	→ Versicherungen gegen andere Risiken können nur dann weiterverrechnet werden, wenn die Mehrheit der Hauptmieter dem Abschluss, der Erneuerung oder der Änderung des Versicherungsvertrages zustimmt
Verwaltungskosten (§ 22 MRG)	→ nicht dazu zählen bspw: Inkasso-. Buchungs- sowie Zahlscheingebühren, Kontoführungskosten usw
Aufwendungen für Gemeinschaftsanlagen	→ nicht dazu zählen bspw: Reparatur- und Erhaltungsarbeiten
Aufwendungen für die Hausbetreuung	
öffentliche Abgaben	

* Im Vollanwendungsbereich des MRG zwingend!

Tipp

Keine Gemeinschaftsanlage liegt vor, wenn beispielsweise einzelnen Mietern das Recht eingeräumt wurde, die Benützung der Anlage durch andere Mieter von der Zahlung eines Entgeltes abhängig zu machen oder andere überhaupt von der Benützung auszuschließen.

Gemeinschaftsanlage Lift

Folgende Kosten sind nach dem Verhältnis der Nutzfläche von den Mietern zu tragen:

- Kosten des laufenden Betriebes
- Wartung und Instandhaltung eines Aufzuges
- Kosten für Kontrolle und Service

Zum Wartungsbegriff zählen beispielsweise das Reinigen und Schmieren sämtlicher beweglicher Teile und der Führungsschienen, das Reinigen der Aufzugsmaschine und der elektrischen Schaltgeräte sowie das Überprüfen und Nachstellen der Triebwerksbremse. Nicht dazu zählen jedoch Erhaltungsarbeiten wie beispielsweise die Erneuerung eines Gleichrichters und eines Zeitrelais, die Einstellung des Türkontaktes und die Neubelegung der Bremsbacken. Auch der Austausch von Verschleißteilen im Rahmen einer Servicevornahme zählt nicht zu den auf den Mieter überwälzbaren Kosten.[44]

Das heißt, dass alle Leistungen eines Wartungsvertrages, die über die reinen Kosten des Betriebes hinausgehen, also auch noch so kleine Reparaturarbeiten, keine auf den Mieter überwälzbaren Betriebskosten eines Aufzuges darstellen.

Verteilung der Kosten für Gemeinschaftsanlagen

Die Kostentragung kann entweder nach dem Verhältnis der Nutzflächen erfolgen oder aufgrund einer Vereinbarung aller Benützer.

---

[44] 5Ob 34, 35/87

Sind Energiekosten von Gemeinschaftsanlagen einzelnen Benützern zuordenbar, besteht zudem die Möglichkeit, diese Energiekosten in pauschalierter Form, zB durch Münzautomaten, von den Benützern einzuheben. Ein in der Praxis häufig vorkommendes Beispiel für die pauschalierte Kosteneinhebung sind Waschküchen, wo die Benützung der Waschmaschine oder eines Wäschetrockners nur nach Einwurf eines Jetons oder einer Münze möglich ist.

Verzichten alle Mieter des Hauses auf die Benützung der Gemeinschaftsanlage, so erlischt die Instandhaltungspflicht des Vermieters, auf Seiten der Mieter besteht kein Benützungsrecht und keine Pflicht zur anteiligen Kostentragung. Ein derartiger Verzicht ist aber nicht unwiderruflich. Es steht den Mietern frei, später wieder die Benützung der Gemeinschaftsanlage zu begehren. In diesem Fall leben die gegenseitigen Rechte und Pflichten hinsichtlich dieser Gemeinschaftsanlage wieder auf.

2. Heizkostenabrechnung

a) Anwendungsbereich

Die Aufteilung der Kosten von Heizung und Warmwasser wird, wenn das Heizkostenabrechnungsgesetz zur Anwendung gelangt, zwingend, das heißt der Parteiendisposition entzogen, geregelt. Das Heizkostenabrechnungsgesetz kommt in Gebäuden mit mindestens vier Nutzungsobjekten, die durch gemeinsame Wärmeversorgungsanlagen mit Wärme versorgt werden und die mit Vorrichtungen zur Ermittlung der Verbrauchsanteile ausgestattet oder auszustatten sind, zur Anwendung.

b) Nutzungsobjekte

Nutzungsobjekte sind die mit Wärme versorgten Wohnungen und sonstigen selbständigen Räumlichkeiten, Abstellplätze für Kraftfahrzeuge – diese jedoch nur dann, wenn der Verbrauch durch Messung zugeordnet und vom Wärmeabnehmer beeinflusst werden kann – sowie Räumlichkeiten, die der allgemeinen Benutzung dienen oder deren Zweckbestimmung einer ausschließlichen Nutzung entgegensteht, wie beispielsweise Hobbyraum oder Gemeinschaftssauna.

c) Aufteilung

Grundsätzlich kann die Aufteilung der Heiz- und Warmwasserkosten entweder nach den ermittelten Verbrauchsanteilen oder, wenn die Erfassung des Wärmeverbrauches aus technischen Gründen nicht tauglich ist, zur Gänze nach der beheizbaren Nutzfläche erfolgen. Die Nutzflächenaufteilung ist aber nur dann zulässig, wenn dies das Gericht auf Antrag ausgesprochen hat.

Abrechnung nach Verbrauchsanteilen

Diese Abrechnungsform kommt zum Tragen, wenn die Verbrauchsanteile durch Verfahren, die dem Stand der Technik entsprechen, ermittelt werden und der Energieverbrauch von den Wärmeabnehmern überwiegend beeinflussbar ist. Die Ausstattung des Gebäudes mit Vorrichtungen zur Erfassung der Verbrauchsanteile kann auch durch jeden Wärmeabnehmer nachträglich verlangt werden, wenn:

- jeder Wärmeabnehmer den Energieverbrauch überwiegend beeinflussen kann und
- sich die Wirtschaftlichkeit einer solchen Ausstattung aus einem Vergleich der dafür entstehenden Kosten mit dem daraus zu erzielenden Nutzen ergibt.

Die Wirtschaftlichkeit wird kraft Gesetzes als gegeben erachtet, wenn die aus der Ermittlung der Verbrauchsanteile innerhalb der üblichen Nutzungsdauer erzielbare Einsparung an Energiekosten mindestens zehn Prozent beträgt und diese Einsparung höher ist als die Kosten der Ausstattung mit Messvorrichtungen und der innerhalb der üblichen Nutzungsdauer laufenden anfallenden Aufwendungen für die Ermittlung der Verbrauchsanteile.

d) Trennung der Heiz- und Warmwasserkosten

Erfolgt die Beheizung und Warmwasseraufbereitung mittels einer gemeinsamen Wärmeversorgungsanlage, so sind die Kosten für die Heizung und für die Warmwasseraufbereitung voneinander zu trennen. Die Trennung erfolgt nach den Ergebnissen der Messung des jeweiligen Wärmeteilverbrauches. Ist dies nicht möglich, so sind von den gesamten Heiz- und Warmwasserkosten mindestens 60% und höchstens 80% der Heizung und der jeweilige Rest den Warmwasserkosten zuzuordnen.

e) Verbrauchsabhängige Aufteilung

Die Zuordnung der jeweiligen Kosten für Heizung und Warmwasser erfolgt dergestalt, dass mindestens 55% und höchstens 75% der Energiekosten nach den Verbrauchsanteilen und der jeweilige Rest nach der beheizbaren Nutzfläche aufzuteilen ist. Erfolgt die Versorgung durch einen externen und gewerbsmäßigen Wärmeerzeuger im Sinne des § 2 HeizKG und sieht der Wärmeliefervertrag eine Trennung des Preises in einen verbrauchsabhängigen Anteil und einen verbrauchsunabhängigen Anteil vor, so ist der verbrauchsabhängige Teil zu mindestens 55% nach den Verbrauchsanteilen, ein allenfalls verbleibender Rest nach der beheizbaren Nutzfläche aufzuteilen.

f) Festlegung der Aufteilung

Die Festlegung der Aufteilung erfolgt nach einem sogenannten Aufteilungsschlüssel. Dieser wird durch eine einstimmige Vereinbarung (Beschluss) zwischen den Wärmeabnehmern und dem Wärmeabgeber festgelegt. Derartige Vereinbarungen bedürfen zu ihrer Rechtswirksamkeit der Schriftform. Der Wechsel eines Wärmeabnehmers oder des Wärmeabgebers lässt die Vereinbarung unberührt.

Kommt keine Vereinbarung zustande, so erfolgt die Trennung der Anteile von Heiz- und Warmwasserkosten in einem Verhältnis von 70% für Heizkosten zu 30% für Warmwasserkosten. Die Aufteilung der Energiekosten hat zu 65% nach den Verbrauchsanteilen und zu 35% nach der beheizbaren Nutzfläche zu erfolgen.

g) Abrechnungsperiode

Die gesamten Heiz- und Warmwasserkosten sowie die Verbrauchsanteile sind für einen Zeitraum von zwölf Monaten zu ermitteln. Beginn und Ende der Abrechnungsperiode wird durch den Wärmeabgeber festgelegt. Die Abrechnung der Heiz- und Warmwasserkosten hat spätestens sechs Monate nach Ablauf der Abrechnungsperiode schriftlich zu erfolgen. Gleichzeitig ist der Wärmeabnehmer darüber zu informieren und es ist ihm Einsicht in die Abrechung und die Belege zu gewähren.

h) Abrechnungsübersicht

Jedem Wärmeabnehmer ist eine Information zu übersenden, die in übersichtlicher Form zumindest folgende Positionen zu enthalten hat:

- Beginn und Ende der Abrechnungsperiode,
- zu verrechnende Heiz- und Warmwasserkosten getrennt nach Energiekosten und sonstige Kosten des Betriebes,
- beheizbare Gesamtnutzfläche des Gebäudes,
- ermittelter Gesamtverbrauch für das Gebäude,
- beheizbare Nutzfläche des jeweiligen Nutzungsobjektes,
- für das jeweilige Nutzungsobjekt ermittelte Verbrauchsanteile,
- Verhältnis zwischen den nach Verbrauchsanteilen und den nach beheizbaren Nutzflächen zu tragenden Energiekosten,
- auf das jeweilige Nutzungsobjekt entfallender betragsmäßiger Anteil,
- für dieses Nutzungsobjekt während der Abrechnungsperiode geleistete Vorauszahlungen,
- sich daraus ergebender Überschuss oder Fehlbetrag,
- Ort und Zeitraum, an bzw zu dem in die Abrechnung und die Belegsammlung Einsicht genommen werden kann,
- Hinweis auf die Folgen der Abrechnung (Nachzahlung, Rückzahlung, Berichtigung der Abrechnung, Genehmigung).

Erfolgt keine ordnungsgemäße Abrechnung oder wird keine Einsicht in die Belege gewährt, so ist der Wärmeabgeber dazu auf Antrag eines Wärmeabnehmers vom Gericht unter Androhung einer Geldstrafe bis zu 5.800 Euro zu verhalten. Kommt der diesem gerichtlichen Auftrag ungerechtfertigterweise nicht nach, ist die angedrohte Geldstrafe zu verhängen. Diese Geldstrafe kann wiederholt verhängt werden.

Wie bei den Betriebskosten kann auch zur Deckung der im Laufe einer Abrechnungsperiode fällig werdenden Heiz- und Warmwasserkosten zu jedem Monatsersten der Abrechnungsperiode ein gleichbleibender Betrag vorgeschrieben werden. Dieser ergibt sich aus dem Gesamtbetrag der Heiz- und Warmwasserkosten für die vorangegangene Abrechnungsperiode und kann nur insoweit angepasst werden, als erhebliche, bei der Ermittlung dieser Pauschalzahlung nicht berücksichtigte Änderungen eingetreten sind. Die Begleichung eines Überschusses oder eines Fehlbetrages hat binnen zwei Monaten nach der Abrechnung zu erfolgen, die Nachforderung an Heiz- und Warmwasserkosten ist binnen eines Jahres nach Ablauf der Abrechnungsperiode geltend zu machen.

Die Abrechnung gilt als genehmigt, wenn nicht zumindest ein Wärmeabnehmer spätestens sechs Monate nach Rechnungslegung schriftlich begründete Einwendungen erhebt.

Kommt es zu einem Wechsel eines Wärmeabnehmers, kann sowohl der scheidende als auch der neue Wärmeabnehmer verlangen, dass auf seine Kosten eine Zwischenermittlung der auf das Nutzungsobjekt entfallenden Verbrauchsanteile vorgenommen wird. Fehlbeträge, die sich aus der Abrechnung ergeben, sind dann von demjenigen nachzuzahlen, in dessen Nutzungszeitraum der jeweilige Fehlbetrag angefallen ist. Dasselbe gilt sinngemäß auch bei Vorliegen von Überschüssen.

XII. Kapitel Befristungsmöglichkeiten nach ABGB und MRG

Trotz der mittlerweile deutlich vereinfachten Befristungsregelungen nehmen Vermieter häufig unwirksame Befristungen vor, die zu unbefristeten Mietverträgen führen. Vermeiden Sie diese Rechtsfolge!

1. Befristungsmöglichkeiten nach dem ABGB

Durch Abschluss eines befristeten Bestandvertrages erfolgt eine Bindung der Vertragsteile für die vereinbarte Dauer. Mangels gegenteiliger Vereinbarung kann daher weder der Vermieter noch der Mieter das Mietverhältnis vor der vereinbarten Zeit auflösen. Lediglich bei Vorliegen der Tatbestandsvoraussetzungen der §§ 1117 und 1118 ABGB kommt eine vorzeitige Auflösung des Vertragsverhältnisses in Betracht.

Das ABGB kennt keine Befristungsregelungen, sodass ein Mietvertrag auf beliebige Dauer geschlossen werden kann. Während das MRG für die Wirksamkeit einer Befristung die Schriftform vorschreibt, kann diese im Bereich des ABGB auch mündlich erfolgen, wobei in diesem Fall der Beweislage überaus große Bedeutung zukommt. Grundsätzlich wird innerhalb des ABGB zwischen befristeten Mietverträgen mit einem unbedingten oder einem bedingten Endtermin unterschieden. Bei Vorliegen eines unbedingten Endtermins erlischt das Mietverhältnis, ohne dass es einer gesonderten Aufkündigung bedarf, bei einem bedingten Endtermin hingegen ist eine Aufkündigung erforderlich. Wird eine solche Aufkündigung unterlassen, so gilt der Vertrag gemäß § 1114 ABGB als stillschweigend erneuert (vgl dazu Kapitel XV.8.).

Nach der Rechtsprechung reicht bei Mietverträgen mit unbedingtem Endtermin die bloße Befristung grundsätzlich aus, um das Erlöschen des Bestandvertrages herbeizuführen. Dennoch wird in der Praxis im Mietvertrag häufig noch besonders darauf hingewiesen, dass das Mietverhältnis ohne gesonderte Aufkündigung endet.

Auch bei befristeten Mietverträgen mit unbedingtem Endtermin besteht die Gefahr der stillschweigenden Erneuerung des Mietvertrages, wenn der Mieter nach Ablauf der Mietdauer weiterhin das Bestandobjekt gebraucht oder benützt und der Vermieter es dabei bewenden lässt. Um diese Rechtsfolge zu vermeiden, muss der Vermieter unmittelbar nach Ablauf der vereinbarten Mietdauer tätig werden und binnen 14 Tagen eine Räumungsklage einbringen. Nach der Rechtsprechung genügt es, wenn der Vermieter unverzüglich klare Erklärungen abgibt und nach außen hin erkennbare Schritte setzt, die keinen Zweifel an der Ablehnung der Vertragserneuerung oder an der Absicht der gerichtlichen Durchsetzung des Räumungsanspruches offenlassen, aber auch in diesem Fall muss die Räumungsklage innerhalb angemessener Frist eingebracht werden.[45]

Tipp

Sicherer ist es allerdings unserer Ansicht nach, binnen 14 Tagen nach Ablauf der Mietvertragsdauer bei Gericht eine Räumungsklage einzubringen. Dadurch geht man allfälligen Beweisschwierigkeiten hinsichtlich des Willens, das Mietverhältnis nicht länger fortsetzen zu wollen, aus dem Weg.

2. Befristungsmöglichkeiten nach dem MRG

a) Allgemeines

Die Wohnrechtsnovelle 2000 hat eine deutliche Vereinfachung des Befristungsrechtes des MRG mit sich gebracht. Allerdings ist zu beachten, dass die überaus komplizierten Befristungsregelungen bei befristeten Mietverhältnissen, die vor dem 1.7.2000 geschlossen wurden, weiterhin anzuwenden sind. Die nachstehenden Ausführungen beziehen sich ausschließlich auf die Befristungsregelungen für Mietverträge, die nach dem 30.6.2000 geschlossen wurden.

b) Schriftformerfordernis

Befristungen entfalten hinsichtlich der Durchsetzbarkeit des Endtermins nur dann Wirksamkeit, wenn die Befristungsvereinbarung schriftlich getroffen wurde. Mündliche Vereinbarungen sind aufgrund der ausdrücklichen Anordnung in § 29 MRG nicht durchsetzbar. Kei-

45 6 Ob 504/92; 6 Ob 643/94

ner Schriftform bedürfen hingegen Befristungsvereinbarungen bei Bestandobjekten, die nicht dem Anwendungsbereich des MRG unterliegen. In der schriftlichen Vereinbarung hinsichtlich der Befristung ist jedenfalls der unbedingte Endtermin auszuweisen. Dies kann datumsmäßig geschehen, der Endtermin kann sich nach der Judikatur aber auch aus der vereinbarten Dauer ergeben, so zB bei folgender Formulierung: *„Das Mietverhältnis beginnt am 1.1.2007 und endet nach Ablauf von drei Jahren."* Eine falsche Befristung ist nicht wirksam und führt dazu, dass sich der Mietvertrag in einen unbefristeten Mietvertrag wandelt.

Beispiel

Brigitte studiert in Innsbruck Rechtswissenschaften und mietet eine dem MRG unterliegende Kleinwohnung. Die Mietdauer wird mit Vertrag wie folgt vereinbart: „Das Mietverhältnis beginnt am 1.9.2009 und endet am 31.7.2012 ohne dass es einer gesonderten Aufkündigung bedarf." Durch die fehlerhafte Befristung (richtig: 31.8.2012) wurde ein unbefristetes Mietverhältnis abgeschlossen, da die Mindestdauer der Befristung von 3 Jahren für Wohnungen nicht eingehalten wurde.

Tritt jedoch ein Mieter in einen bestehenden befristeten Mietvertrag über eine Wohnung ein, ist es nicht erforderlich, dass die verbleibende Dauer des Mietvertrages noch mindestens 3 Jahre beträgt.[46] Es handelt sich hier um eine Vertragsübernahme, die bewirkt, dass der Vertragsübernehmer an die Stelle einer aus dem Schuldverhältnis ausscheidenden Partei tritt und deren gesamte vertragliche Rechtsstellung übernimmt, ohne dass dadurch der Inhalt oder die rechtliche Identität des bisherigen Schuldverhältnisses verändert wird.

Weiters ist darauf hinzuweisen, dass hinsichtlich des Schriftformgebotes seitens der Judikatur strenge Maßstäbe angelegt werden. So besteht die Gefahr, dass ein Telefax das Schriftformgebot nicht erfüllt. Dic Unterzeichnung des Mietvertrages durch einen Vertreter des Mie-

[46] 6 Ob 228/06g

ters, der bloß über eine mündliche Vollmacht verfügt, ist ebenfalls nicht verbindlich. Ausreichend wäre dies nur dann, wenn er eine schriftlich erteilte Vollmacht des Mieters vorlegen könnte. Außerdem müssen alle am Vertrag Beteiligten, also sowohl auf Mieter- als auch auf Vermieterseite, den Vertrag unterschreiben. Wird ein Mietvertrag mit einer juristischen Person abgeschlossen, so ist auf die Zeichnungsberechtigung der Vertreter der juristischen Person zu achten. Eine qualifizierte elektronische Signatur erfüllt das Schriftformgebot des § 29 Abs 1 Z 3 MRG. (vgl dazu § 4 SigG)

Tipp

Von der Übergabe des Bestandobjektes vor Unterzeichnung des schriftlichen Mietvertrages ist dringend abzuraten. Die Zusage, den Mietvertrag später zu unterzeichnen, ist nicht durchsetzbar, sodass bei vorzeitiger Übergabe ein unbefristetes Mietverhältnis entsteht.

c) Zulässige Befristungen

Wohnungsmiete

- Mindestvertragsdauer drei Jahre!
- beliebig oft verlängerbar, aber stets um mindestens drei Jahre!
- keine Obergrenze der Befristung

Geschäftsraummiete

- keine Mindestvertragsdauer!
- Verlängerungen beliebig oft und auf beliebige Dauer möglich
- keine Obergrenze der Befristung

Liegt ein sogenannter gemischter Verwendungszweck (sowohl Wohn- als auch Geschäftszwecke) vor, muss darauf abgestellt werden, ob ein Zweck den anderen deutlich überwiegt. Kann ein deutliches Überwiegen des einen oder anderen Zwecks nicht festgestellt werden, wird die

Auffassung vertreten, dass diesfalls die günstigeren Regeln – also die hinsichtlich der Wohnungsmiete – zum Tragen kommen müssen.

Ohne Angabe eines Kündigungsgrundes kann eine befristete Wohnungsmiete gemäß § 29 Abs 2 MRG durch den Mieter vorzeitig schriftlich (!) aufgekündigt werden:

- nach Ablauf eines Jahres der ursprünglich vereinbarten Mietdauer
- zum Monatsletzten
- unter Einhaltung einer dreimonatigen Kündigungsfrist

Dieses Recht ist unbeschränkbar und unverzichtbar und kann vertraglich nicht abbedungen werden!

Mietverträge auf bestimmte Zeit, die nach Ablauf der wirksam vereinbarten oder verlängerten Vertragsdauer weder vertraglich verlängert noch aufgelöst werden, gelten nunmehr seit der Wohnrechtsnovelle 2006 einmalig als auf drei Jahre erneuert, wobei jedoch dem Mieter jederzeit das unverzichtbare und unbeschränkbare Recht zukommt, den erneuerten Mietvertrag jeweils zum Monatsletzten schriftlich unter Einhaltung einer dreimonatigen Kündigungsfrist zu kündigen. Wird der Mietvertrag nach Ablauf dieser drei Jahre ein weiteres Mal nicht aufgelöst, gilt er als auf unbestimmte Zeit erneuert.

XIII. Kapitel Beendigung von Bestandverhältnissen

Nicht jeder Mieter bereitet seinem Bestandgeber Freude, eine Trennung ist manchmal unumgänglich. Dieses Kapitel beschäftigt sich ausführlich mit den in der Praxis relevanten Kündigungsgründen und deren Geltendmachung.

1. Allgemeine Endigungsgründe

Grundsätzlich kann ein bestehendes Bestandverhältnis auf verschiedene Arten aufgelöst werden: Zum einen enthält das MRG in seinen §§ 29–33 ausdrücklich aufgezählte Endigungsgründe, daneben existieren aber noch weitere Gründe, die unabhängig davon, ob das Bestandverhältnis dem MRG oder dem ABGB unterliegt, ein Bestandverhältnis auflösen können. Dazu zählen folgende allgemeine Endigungsgründe:

a) Einvernehmliche Auflösung

Grundsätzlich ist es schon aufgrund der Privatautonomie jederzeit möglich, bei Einigung beider Vertragsteile das Bestandverhältnis einvernehmlich aufzulösen. Diese Einigung kann auch mittels eines gerichtlichen Vergleichs, zumeist in Form eines Räumungsvergleichs, erfolgen. Dabei ist aber streng darauf zu achten, dass der Mieter bei Unterfertigung eines Räumungsvergleiches keiner „Drucksituation" ausgesetzt ist und weiters, dass der Räumungsvergleich nach Abschluss des Mietvertrages und nach Übergabe des Bestandobjektes geschlossen wird. (zum Räumungsvergleich siehe Kapitel XIV.)

Tipp

Eine unzulässige oder unwirksame Befristung kann jedoch nicht mit Hilfe eines Räumungsvergleiches durchsetzbar gemacht werden.

b) Untergang des Bestandobjektes

Auf diesen Sachverhalt kommt zunächst § 1112 ABGB zur Anwendung, wonach der Bestandvertrag als aufgelöst gilt, wenn die Bestandsache untergeht. Hat einer der Vertragspartner den Untergang schuldhaft herbeigeführt, so wird er dem anderen Vertragspartner gegenüber schadenersatzpflichtig. Diese Bestimmung wird im Vollanwendungsbereich des MRG durch § 7 MRG insoweit relativiert, als der Vermieter zur baurechtlich zulässigen und bautechnisch möglichen Wiederherstellung des

Mietgegenstandes in dem Maße verpflichtet wird, als die Leistungen aus einer bestehenden Versicherung dazu ausreichen.

c) Vereinigung der Rechtspositionen

Das Bestandverhältnis erlischt auch, wenn eine Vereinigung der rechtlichen Position des Vermieters und Mieters beispielsweise im Erbgang erfolgt. Dies beruht auf der Überlegung, dass der Alleineigentümer eines Bestandobjektes nicht zugleich Mieter desselben sein kann.

d) Allgemeine Vertragsauflösungsgründe

Das bürgerliche Recht stellt mehrere Rechtsinstitute zur Verfügung, mit Hilfe derer Verträge im Nachhinein angefochten bzw aufgelöst werden können. Dazu zählt insbesondere der Rücktritt vom Vertrag gemäß § 918 ABGB, die Anfechtung wegen Verkürzung über die Hälfte des wahren Wertes (§§ 934 f ABGB), wegen Irrtums (§§ 871 ff ABGB), wegen List, Zwang oder Drohung (§ 870 ABGB) und wegen Sittenwidrigkeit (§ 879 ABGB).

e) Weitere Auflösungsgründe

Weiters wird ein Mietvertrag aufgelöst durch:

- Aufkündigung
- Zeitablauf
- bei Vorliegen der Voraussetzungen gemäß § 1117 ABGB (Mieter)
- durch Aufhebung des Mietvertrages gemäß § 1118 ABGB (Vermieter)

2. Aufkündigung durch den Mieter

a) Unbefristetes Mietverhältnis

Ein unbefristeter Mietvertrag kann vom Mieter jederzeit unter Einhaltung der gesetzlichen oder vereinbarten Kündigungsfrist ohne Angabe von Gründen aufgekündigt werden. Wurde eine Kündigungsfrist nicht ausdrücklich vereinbart, so bestimmt sich diese nach den Vorschriften des § 560 der ZPO (Zivilprozessordnung). Die Kündigung ist eine einseitige, empfangsbedürftige Willenserklärung. Seit der Wohnrechtsnovelle 2006 ist im Anwendungsbereich des MRG seitens des Mieters nur mehr eine schriftliche Kündigung erforderlich, während seitens des Vermieters weiterhin eine gerichtliche Aufkündigung vorgenommen werden muss.

b) Befristetes Mietverhältnis

Haben die Vertragsparteien eine Befristung vereinbart, so ist eine vorzeitige Auflösung des Bestandverhältnisses durch den Mieter nur dann möglich, wenn diese entweder einvernehmlich erfolgt oder aus den Gründen des § 1117 ABGB berechtigt ist. Dies bedeutet, dass man ansonsten an die vereinbarte Mietdauer gebunden ist.

Davon besteht im Anwendungsbereich des MRG eine wichtige Ausnahme:

Bei Vorliegen eines befristeten Haupt- oder Untermietvertrages über eine Wohnung hat der Mieter gemäß § 29 Abs 2 MRG nach Ablauf eines Jahres der ursprünglich vereinbarten oder verlängerten Dauer des Mietverhältnisses das unverzichtbare und unbeschränkbare Recht, den Mietvertrag vor Ablauf der bedungenen Zeit jeweils zum Monatsletzten schriftlich unter Einhaltung einer dreimonatigen Kündigungsfrist zu kündigen. Diese Bestimmung kommt ausschließlich bei Wohnungsmieten zur Anwendung, Geschäftsräumlichkeiten sind davon nicht betroffen.

c) Teilkündigung

Weiters kann der Mieter das Mietverhältnis hinsichtlich mitgemieteter Nebenräume oder Nebenflächen aufkündigen, wenn diese abgesondert benutzbar sind oder ohne unverhältnismäßige Schwierigkeiten abgesondert benutzbar gemacht werden können. Die Kosten für die Abtrennung derartiger Nebenräume oder Nebenflächen hat der aufkündigende Mieter zu tragen.

Beispiel

Der 74-jährige Anton S. trennt sich schweren Herzens von seinem Pkw, aufgrund seiner fortschreitenden Sehschwäche ist er jedoch nicht mehr in der Lage, das Fahrzeug ohne Gefahr für sich oder andere weiterhin zu benützen. Dadurch hat er für die von ihm mitgemietete Garage keine Verwendung mehr, so dass er hinsichtlich dieser eine Teilkündigung ausspricht.

3. Aufkündigung durch den Vermieter

Im Anwendungsbereich des MRG ist § 30 MRG die zentrale Bestimmung hinsichtlich der Aufkündigungsmöglichkeiten durch den Vermieter. Diese Bestimmung enthält zunächst eine Generalklausel, wonach der Vermieter nur aus wichtigen Gründen den Mietvertrag aufkündigen kann. In der Folge werden einzelne Kündigungstatbestände aufgezählt, die vom Gesetzgeber als ein wichtiger Grund für eine Aufkündigung angesehen werden. Die oben erwähnte Generalklausel hat aber nach Auffassung der Judikatur nicht die Aufgabe, fehlende Kündigungsvoraussetzungen zu ersetzen. Sie dient vielmehr dazu, die vom Gesetz sonst nicht erfassten, aber an Gewicht den angeführten Kündigungsgründen gleichwertigen Sachverhalte diesen auch gleichzusetzen. Liegt also ein Tatbestand vor, der von der Aufzählung in § 30 Abs 2 MRG nicht erfasst ist, so muss der gesamte Sachverhalt an Gewicht und Bedeutung den dort angeführten Kündigungsgründen gleichkommen.[47]

Der Mieter wird durch das MRG hinsichtlich der Aufkündigung besonders stark geschützt. So muss die Kündigung grundsätzlich der einzig gangbare Weg zur Wahrung der Interessen des Vermieters sein. Diesen trifft auch die Behauptungs- und Beweislast dafür, dass er schon vor der Aufkündigung bereits alles ihm Zumutbare getan hat, um die Schwierigkeiten auf andere Weise zu beseitigen.

[47] 4 Ob 542/87; 7 Ob 142/08w

Beispiele:

- Verstoß gegen vertragliche Verpflichtungen, wenn dadurch wichtige Interessen des Vermieters in einer Weise verletzt werden, dass sie einer Gefährdung der wirtschaftlichen Existenz des Vermieters gleichkommen
- wiederholte eigenmächtige Verwendung von nicht vermieteten Räumen
- Gefährdung der Gesundheit eines nahen Angehörigen des Vermieters

4. Kündigungsgründe des Vermieters

Der Vermieter ist – mit Ausnahme der Generalklausel des § 30 Abs 1 MRG – auf nachstehende Kündigungsgründe beschränkt:

a) Mietzinsrückstand - § 30 Abs 2 Z 1 MRG

Dieser Kündigungsgrund kommt dann zum Tragen, wenn der Mieter trotz einer nach dem Eintritt der Fälligkeit erfolgten Mahnung mit der Bezahlung des Mietzinses über die übliche oder ihm bisher zugestandene Frist hinaus, mindestens aber acht Tage im Rückstand ist.

Daraus ergibt sich, dass der Vermieter den Mieter mahnen muss, wobei gleichzeitig mit dieser Mahnung eine Nachfrist eingeräumt oder tatsächlich gewährt werden muss. Die Beweispflicht für die Vornahme der Mahnung trifft hier den Vermieter. Auch wenn die Mahnung in keiner bestimmten Form erfolgen muss, ist es aus Beweisgründen dennoch dringend zu empfehlen, schriftlich zu mahnen. Bei der Mahnung handelt es sich um eine empfangsbedürftige Erklärung, die dem Mieter zugehen muss. Als zugegangen wird eine Mahnung dann angesehen, wenn sie in den Machtbereich des Mieters gelangt ist, sodass dieser nach regelmäßigen Umständen von dieser Mahnung Kenntnis nehmen konnte. Zu beachten ist weiters, dass bei Mitmietern jedem Mieter die Mahnung zugestellt werden muss. Der wirksame Zugang der Mahnung setzt die Geschäftsfähigkeit des Mieters oder dessen entsprechende Vertretung beispielsweise durch einen Sachwalter voraus.

Zudem muss ein seit mindestens acht Tagen bestehender Mietzinsrückstand gegeben sein, der zum Zeitpunkt der Zustellung der Aufkündigung noch nicht beglichen wurde. Trotz eines zunächst gegebenen Mietzinsrückstandes kann eine Aufhebung der Kündigung durch nachträgliche Zahlung des Mietzinses durch den Mieter bewirkt werden. Der letztmögliche Zahlungszeitpunkt durch den Mieter ist unmittelbar vor dem Schluss der mündlichen Verhandlung erster Instanz. Hier ist weiters zu beachten, dass der fällige Mietzins dem Vermieter zu diesem Zeitpunkt auch tatsächlich zur Verfügung stehen muss, was zB dann gegeben ist, wenn der säumige Mieter den aushaftenden Mietzins in der Verhandlung bar begleicht. Legt der Mieter hingegen beispielsweise nur einen Überweisungsbeleg vor, aus dem sich ergibt, dass er den rückständigen Mietzins am selben Tag zur Anweisung gebracht hat, wird dies als verspätete Zahlung gewertet. Trotz der bei rechtzeitiger Zahlung des fälligen und ausständigen Mietzinses erfolgenden Klagsabweisung ist der Mieter nicht von der Verpflichtung, die Kosten des Verfahrens zu tragen, befreit.

Zu beachten ist weiters, dass den Mieter trotz rechtzeitiger Bezahlung am Zahlungsrückstand kein grobes Verschulden treffen darf. Das grobe Mietzinsrückstandsverschulden im Sinne des § 33 Abs 2 MRG setzt ein besonderes Maß an Sorglosigkeit voraus. Es muss der Vorwurf berechtigt erscheinen, der Mieter habe die Interessen des Vermieters aus Rechthaberei, Willkür, Leichtsinn oder Streitsucht verletzt. Dies liegt beispielsweise auch dann vor, wenn der Mieter den Mietzinsrückstand aus reiner Gleichgültigkeit entstehen lässt, insbesondere dann, wenn er den Mietzinsrückstand von der Mahnung bis zur Einbringung der Klage anwachsen lässt. Behauptet der Mieter, dass er den Mietzins aus wirtschaftlichen Gründen nicht bezahlen konnte, so trifft ihn auch die Beweispflicht dahingehend, dass er die wirtschaftlichen Schwierigkeiten nicht verschuldet hat. Die Frage des Verschuldensgrades wird nur dann geprüft, wenn der geschuldete Mietzins vor Schluss der Verhandlung erster Instanz bezahlt wurde. Erfolgte keine Begleichung des aushaftenden Mietzinsrückstandes, so entfällt die Prüfung des Verschuldens.

Für den Fall, dass sich der Mieter grundsätzlich bereit erklärt, den Mietzinsrückstand im anhängigen Verfahren zu begleichen, um die Kündigung abzuwehren, besteht jedoch Unklarheit über die Höhe des Rückstandes, so hat das Gericht zunächst die Höhe des Mietzinsrückstandes mit Beschluss festzustellen. Begleicht der Mieter diesen festgestellten Betrag, so ist bei Vorliegen der übrigen Voraussetzungen die Kündigung aufzuheben.

b) Nichterbringung vereinbarter Dienstleistungen – § 30 Abs 2 Z 2 MRG

Soll der Mietzins ganz oder teilweise in Form von Dienstleistungen des Mieters erbracht werden und verweigert dieser die bedungenen Dienste entgegen der vertraglichen Vereinbarung, so stellt dies einen Kündigungsgrund dar. Dieser Kündigungsgrund ist dann gegeben, wenn die vereinbarten Dienstleistungen entweder gar nicht erbracht werden, nicht fristgerecht erbracht werden oder die erbrachten Dienstleistungen wesentliche Mängel aufweisen. Gleiches gilt, wenn die vereinbarten Leistungen unverschuldet nicht erbracht werden können, weil der Mieter beispielsweise aus gesundheitlichen Gründen nicht mehr in der Lage ist, diese Verpflichtungen zu erfüllen.
Beispiel:

- Nichterfüllung der Hauptleistungspflicht des Mieters, eine im Haus vorhandenen Zentralheizung zu betreiben

c) Erheblich nachteiliger Gebrauch des Mietgegenstandes – § 30 Abs 2 Z 3 MRG

Fallkonstellation 1 – erheblich nachteiliger Gebrauch

Der Vermieter kann das Bestandverhältnis aufkündigen, wenn der Mieter vom Mietgegenstand einen erheblich nachteiligen Gebrauch macht, insbesondere den Mietgegenstand gröblich vernachlässigt. Inhaltlich steht dieser Aufhebungsgrund dem Vermieter außerhalb des Anwendungsbereiches des MRG auch gemäß § 1118 ABGB zur Verfügung.

Dieser Kündigungsgrund ist dann gegeben, wenn der Mieter beispielsweise einen Zustand schafft, der eine erhebliche Gefährdung der Substanz des Bestandobjektes bedeutet oder ein Verhalten setzt, das geeignet ist, den Ruf oder wichtige wirtschaftliche oder sonstige Interessen des Vermieters zu schädigen oder zu gefährden. Daraus ergibt sich aber auch, dass die Judikatur schon eine drohende Gefahr dieses nachteiligen Gebrauches als ausreichend erachtet.

Auch Geisteskrankheit stellt keinen Freibrief für das Verhalten des Mieters dar. Vielmehr ist in solchen Fällen eine Interessensabwägung vorzunehmen, wobei an das Verhalten der beeinträchtigten Person ein weniger strenger Maßstab anzulegen ist.
Beispiele:

- Anhäufen von Gerümpel und Müll im Mietgegenstand
- Ansammlung von verdorbenen Lebensmitteln und die dadurch drohende Gefahr von Ungezieferbildung
- Ansammlung von Papier in einem Ausmaß, dass die statische Sicherheit nicht mehr gewährleistet ist
- wiederholtes pyromanisches Zündeln
- Verwendung des Bestandobjektes zur Ermöglichung der Prostitution statt zum Betrieb eines Kaffeehauses
- unsachgemäßer Einbau einer Dusche

Fallkonstellation 2 – unleidliches Verhalten

Macht der Mieter durch sein rücksichtsloses, anstößiges oder sonst grob ungehöriges Verhalten den Mitbewohnern das Zusammenwohnen unzumutbar, ist der Kündigungstatbestand des unleidlichen Verhaltens verwirklicht. Der vom Gesetz verwendete Begriff „Mitbewohner" ist im weiteren Sinn zu verstehen, so dass davon nicht nur der im Haus wohnende Hauseigentümer erfasst ist, sondern auch beispielsweise dessen Verwalter oder Angehörige. Es ist aus objektiver Sicht zu prüfen, ob den Mitbewohnern wegen des Verhaltens des Mieters das weitere Zusammenleben im selben Haus zugemutet werden kann.

Dieser Kündigungsgrund ist nach herrschender Auffassung verschuldensunabhängig, was bedeutet, dass ein Verschulden des Mieters nicht erforderlich ist. Auch hier ist bei einem krankheitsbedingten Verhalten im Einzelfall eine Interessensabwägung vorzunehmen. Grundsätzlich sind dem Mieter auch rechtswidrige und massiv unleidliche Verhaltensweisen eines Wohnungsgenossen zuzurechnen, wobei auch das Verhalten von Besuchern darunter fällt. Keine Zurechnung erfolgt jedoch, wenn der Mieter beweisen kann, dass es ihm nicht möglich war, Abhilfe zu schaffen.

Auch ein einzelner Vorfall kann unleidliches Verhalten darstellen, sofern dieser derart schwerwiegend ist, dass er das Maß des Zumutbaren überschreitet und objektiv geeignet erscheint, auch nur einem Mitbewohner das Zusammenleben zu verleiden.
Beispiele:

- Betrieb eines Bordells und damit zusammenhängende Beeinträchtigungen wie Urinieren im Hausgang und Sturmläuten an Türen
- Trampeln und Brüllen in der Wohnung und am Gang nur zum Zweck der Lärmerzeugung
- ständige Beschimpfungen der anderen Mieter
- ortsunübliche Geruchs- und Lärmbelästigung durch Tierhaltung wie beispielsweise die Haltung von 14 Katzen in einer Kleinwohnung

Fallkonstellation 3 – strafbare Handlungen

Der Mieter verwirklicht auch dann einen Kündigungsgrund, wenn er sich gegenüber dem Vermieter oder einer im Haus wohnenden Person einer mit Strafe bedrohten Handlung gegen das Eigentum, die Sittlichkeit oder die körperliche Sicherheit schuldig macht. Handelt es sich um Fälle, die den Umständen nach als geringfügig zu bezeichnen sind, ist dieser Kündigungsgrund nicht verwirklicht. Auch hier wird dem Mieter das Verhalten anderer Personen, die mit seiner Zustimmung das

Bestandobjekt benützen, zugerechnet und es trifft ihn die Beweispflicht, dass er nicht in der Lage war, Abhilfe zu schaffen.
Beispiele:

- Aufbrechen der Kellerabteile und Entwenden von Gegenständen
- mehrfache körperliche Attacken
- unsittliche Belästigungen minderjähriger Kinder
- wiederholte Sachbeschädigung

d) Weitergabe des Mietgegenstandes durch den Mieter - § 30 Abs 2 Z 4 MRG

Unter Weitergabe wird jede entgeltliche oder unentgeltliche Gebrauchsüberlassung verstanden, die nicht bloß eine unregelmäßige Mitbenützung durch einen Dritten darstellt. Wird das Bestandobjekt zur Gänze überlassen, so kommt es nicht darauf an, ob der Übernehmer das Bestandobjekt regelmäßig oder nur sporadisch nützt.

Keine Weitergabe liegt vor, wenn der Mieter den Mietgegenstand für sich oder eintrittsberechtigte Personen in naher Zukunft dringend benötigt. Benützt der Mieter die Wohnung weiterhin regelmäßig, liegt selbst dann, wenn er einem Dritten die Benützung der ganzen Wohnung gestattet, keine Weitergabe vor.

Der Vermieter kann der Weitergabe bereits bei Abschluss des Mietvertrages zustimmen, eine Zustimmung kann aber auch nachträglich, insbesondere auch schlüssig erfolgen. Ein schlüssiger Verzicht auf diesen Kündigungsgrund wird dann angenommen, wenn der Vermieter über längere Zeit die Geltendmachung desselben unterlässt, obwohl er von der Weitergabe weiß.

Bei diesem Kündigungsgrund sind zwei Fallkonstellationen zu unterscheiden:

Fallkonstellation 1

Der Mieter gibt den Mietgegenstand an Dritte, die nicht nach § 14 Abs 3 MRG eintrittsberechtigt sind, zur Gänze mit oder ohne Einrichtungsgegenstände weiter, wobei er den Mietgegenstand offenbar in naher Zeit weder für sich noch für eintrittsberechtigte Personen dringend benötigt.

Fallkonstellation 2

Der gänzlichen Weitergabe wird gleichgehalten, wenn der Mieter den Mietgegenstand an Dritte, die nicht nach § 14 Abs 3 MRG eintrittsberechtigt sind, nur teilweise weitergibt, wobei die nicht weitergegebenen Teile der Wohnung nicht zur Befriedigung des Wohnbedürfnisses des Mieters oder der eintrittsberechtigten Personen regelmäßig verwendet werden.

Diese Fallkonstellation erfordert weiters, dass die Überlassung an einen Dritten gegen eine im Vergleich zu dem vom Mieter zu entrichtenden Mietzins unverhältnismäßig hohe Gegenleistung erfolgt. Für die Beurteilung, ob tatsächlich eine übermäßig hohe Gegenleistung vorliegt, sind auch die Investitionen und andere vermögenswerte Leistungen des Hauptmieters, die dem Untermieter zugute kommen, zu berücksichtigen. Zur Ermittlung des Gegenwertes der zu berücksichtigenden Investitionen des Vermieters ist von deren Nutzwert zum Zeitpunkt der Untervermietung und deren restlichen Nutzungsdauer unter Berücksichtigung einer angemessenen Verzinsung auszugehen. Im Bereich dieses Kündigungsgrundes sind nach der Judikatur Überschreitungen des Untermietzinses über den Hauptmietzins um 65% oder 73% als nicht überhöht anzusehen. Zu dieser Frage gibt es eine Vielzahl von Entscheidungen, wobei die Grenze für die unverhältnismäßig hohe Gegenleistung bei einer Überschreitung von 100% als gegeben erachtet wird.[48]

e) Tod des bisherigen Mieters – § 30 Abs 2 Z 5 MRG

Dienen die vermieteten Wohnräume nach dem Tod des bisherigen Mieters nicht mehr einem dringenden Wohnbedürfnis eintrittsberechtigter Personen im Sinne des § 14 Abs 3 MRG, so ist der Vermieter zur Kündigung des Bestandverhältnisses berechtigt. Voraussetzung ist also, dass es sich zum einen um eine Wohnung handelt und zum anderen auch bei Vorhandensein eintrittsberechtigter Personen diese kein dringendes Wohnbedürfnis geltend machen können. Sind keine eintrittsberech-

---

48 2 Ob 52/05v (Überschreitung von 78,75 % noch toleriert)

tigten Personen vorhanden, so kann der Vermieter das Mietverhältnis unter Einhaltung der gesetzlichen Kündigungsfrist lösen. Die Aufkündigung ist vor der Einantwortung des Nachlasses gegen den ruhenden Nachlass zu richten, nach der Einantwortung gegen die Erben.

f) Nichtbenützung der Wohnung – § 30 Abs 2 Z 6 MRG

Wird die vermietete Wohnung nicht zur Befriedigung des dringenden Wohnbedürfnisses des Mieters oder eintrittsberechtigter Personen regelmäßig verwendet, stellt dies einen Kündigungsgrund dar. Dieser liegt dann nicht vor, wenn der Mieter zu Kur- oder Unterrichtszwecken oder aus beruflichen Gründen abwesend ist. Eine regelmäßige Verwendung zu Wohnzwecken ist nach der Judikatur nur dann gegeben, wenn die Wohnung während eines beachtlichen Zeitraumes im Jahr als wirtschaftlicher und familiärer Mittelpunkt genützt wird. Selbst die Benützung mehrerer Wohnungen erfüllt diesen Kündigungstatbestand für sich allein noch nicht, solange der Mittelpunkt der Lebenshaltung zumindest zum Teil in der aufgekündigten Wohnung liegt. Die Anwesenheit an mehreren Tagen in der Woche reicht dafür aus.[49] Es trifft den Vermieter die Beweispflicht dahingehend, dass die Mietwohnung nicht regelmäßig zu Wohnzwecken verwendet wird; der Mieter muss beweisen, dass trotz dieser fehlenden regelmäßigen Benützung schutzwürdige Interessen seinerseits vorliegen.

Tipp

Zu beachten ist, dass nach der Judikatur ein schlüssiger Verzicht auf den Kündigungsgrund durch den Vermieter vorliegt, wenn dieser von der Nichtbenutzung des Bestandsobjektes weiß und dennoch sein Kündigungsrecht nicht ausübt.

[49] 7 Ob 234/04v

g) Änderung der Benützungsart des Bestandgegenstandes - § 30 Abs 2 Z 7 MRG

Werden zu Geschäftszwecken vermietete Räumlichkeiten nicht zu der im Vertrag vereinbarten oder einer gleichwertigen geschäftlichen Betätigung regelmäßig verwendet, stellt diese Änderung der Benützungsart einen Kündigungsgrund dar. Auch hier wird insofern für den Fall eine Ausnahme angeordnet, dass der Mieter vorübergehend wegen Urlaub, Krankheit oder Kuraufenthaltes abwesend ist.

Werden Räume nach der Parteienabsicht entweder ausschließlich oder überwiegend für geschäftliche Tätigkeiten vermietet, später aber vom Mieter nur mehr oder nahezu ausschließlich zu Wohnzwecken verwendet, liegt eine unzulässige Änderung der Benützungsart vor. Zu beachten ist, dass die Umwandlung einer Wohnung in Geschäftsräume schon aufgrund des klaren Gesetzeswortlauts nicht diesen Kündigungsgrund verwirklicht.

Beispiel

Die 47-jährige Silvia S. beschließt, wieder ins Berufsleben einzutreten, und mietet eine Geschäftsräumlichkeit zum Betrieb eines Verkaufslokals. Nach anfänglichen Erfolgen verschlechtert sich der Geschäftsgang dramatisch, sodass Silvia S. ihr Geschäft schließen muss. Da der Mietzins für diese Geschäftsräumlichkeiten deutlich niedriger ist als der, den sie für ihre Wohnung zu bezahlen hat, beschließt sie kurzerhand, in ihr ehemaliges Geschäft zu übersiedeln und dieses ausschließlich zu Wohnzwecken zu nutzen. Damit verwirklicht sie jedoch den Kündigungsgrund des § 30 Abs 2 Z 7 MRG.

Die Gleichwertigkeit einer geschäftlichen Tätigkeit wurde beispielsweise bejaht von:

- Damenmodegeschäft und Videothek
- Teehaus und Pizzeria
- Rechtsanwaltskanzlei und Werbeagentur

Die Gleichwertigkeit wurde verneint von:

- Verkaufslokal und Lagerräumen
- Büroräume und Wohnungen

h) Eigenbedarfskündigung – § 30 Abs 2 Z 8 MRG

Die Eigenbedarfskündigung zählt zwar zu den geläufigsten Kündigungsmöglichkeiten, häufig ist aber unbekannt, dass an das Vorliegen dieses Kündigungsgrundes strenge Maßstäbe angesetzt werden, sodass die Durchsetzung desselben in der Praxis häufig ein dornenvoller Weg ist. Voraussetzung dieses Kündigungsgrundes ist, dass der Vermieter die gemieteten Wohnräume für sich selbst oder für Verwandte in absteigender Linie dringend benötigt. Weiters muss ihm oder der Person, für die der Mietgegenstand benötigt wird, aus der Aufrechterhaltung des Mietvertrages ein unverhältnismäßig größerer Nachteil erwachsen als dem Mieter aus der Kündigung.

Tipp

Beachte: Diese Interessenabwägung entfällt, wenn es sich um eine vom Wohnungseigentümer unmittelbar nach Wohnungseigentumsbegründung vermietete Eigentumswohnung handelt, sodass der Bedarf im obigen Sinn ausreichend ist.

Zusätzlich hat der Gesetzgeber bei der Eigenbedarfskündigung eine zeitliche Schranke eingezogen: So kann der Vermieter die Eigenbedarfskündigung nur dann geltend machen, wenn zwischen dem Zeitpunkt des Erwerbs des Mietobjektes und dem Kündigungstermin mindestens zehn Jahre liegen. Diese Frist des § 30 Abs 3 MRG ist auch auf Eigentumswohnungen anzuwenden. Sinn und Zweck dieser Bestimmung ist es, Spekulationskäufe zu verhindern.

Diese Frist gilt jedoch weder für den Bau eines Hauses noch für den Ersteigentümer einer neu geschaffenen Eigentumswohnung. Die Sperrfrist kommt auch dann nicht zum Tragen, wenn der Rechtsvorgänger des Kündigenden die Kündigung wegen Eigenbedarfes bereits geltend machen hätte können. Wird das Bestandobjekt aufgrund einer letztwilligen Verfügung erworben, ist der Erbe bzw Rechtsnachfolger berechtigt, sich die Besitzzeit seines Vormannes anrechnen zu lassen. Die Einhaltung dieser Frist ist nur auf Einwendung des Gekündigten zu berücksichtigen.

Die Rechtsprechung ist insbesondere hinsichtlich des Tatbestanderfordernisses des dringenden Bedarfes überaus restriktiv. So muss in der Regel eine unabweisliche Notwendigkeit bestehen, dass der Vermieter über das Mietobjekt verfügen kann. Dies ist beispielsweise dann der Fall, wenn ihm Obdachlosigkeit oder eine gesundheitliche Beeinträchtigung droht. Zu dieser Frage besteht eine reichliche Judikatur.

Beispiele:
Eigenbedarf liegt vor

- wenn zwölf Personen, darunter zehn Kinder, insgesamt nur 107 m^2 zur Verfügung stehen und vier der Kinder jeweils zu zweit in einem Bett schlafen müssen.
- bei Gefahr gesundheitlicher Schädigung.
- wenn das Wohnbedürfnis des kündigenden Vermieters und seiner Familie überhaupt nicht oder völlig unzureichend gedeckt ist und die dringende Notwendigkeit besteht, einen unzumutbaren Zustand, der einem Notstand gleichkommt, sobald als möglich zu beseitigen.

Hat der Vermieter den Eigenbedarf selbst verschuldet, schließt dies diesen Kündigungsgrund aus. Selbstverschulden ist dann anzunehmen, wenn der Vermieter schuldhaft eine Sachlage herbeiführt, die ihn zwingt, zur Deckung seines Eigenbedarfes die Kündigung auszusprechen. Dies wäre beispielsweise dann der Fall, wenn er die Wohnung vermietet hat, obwohl er zu diesem Zeitpunkt schon wusste, dass seine neue Unterkunft nicht zu Wohnzwecken geeignet ist. Ein Verschulden ist jedoch zu verneinen, wenn der Bedarf erst nach der Vermietung dieser Wohnung aufgetreten ist. Für das Vorliegen des Verschuldens des Vermieters ist der Mieter behauptungs- und beweispflichtig.

i) Eigenbedarfskündigung mit Ersatzbeistellung – § 30 Abs 2 Z 9 MRG

Dieser Kündigungsgrund kann sowohl bei Wohnungen als auch bei Geschäftsräumlichkeiten Anwendung finden.

Die Unterschiede zur oben dargestellten Eigenbedarfskündigung sind:

- es werden Ersatzräumlichkeiten beigestellt,
- es findet keine Interessensabwägung statt,
- der Zeitpunkt des Erwerbes ist bedeutungslos.

Der Vermieter hat grundsätzlich die Möglichkeit, die Ersatzräumlichkeiten entweder bereits in der Kündigung selbst anzubieten oder sich dort ausdrücklich vorzubehalten, die Ersatzräumlichkeiten im Laufe des Verfahrens anzubieten. Das Verfahren hinsichtlich der Ersatzbeistellung ist in § 32 MRG geregelt und stellt eine überaus komplexe Konstruktion dar. Vergleiche zum Gang dieses Verfahrens die Grafik auf Seite 168.

j) Eigenbedarfskündigung zur Unterbringung von Arbeitern oder sonstigen Angestellten – § 30 Abs 2 Z 10 MRG

Dieser Kündigungsgrund kann dann geltend gemacht werden, wenn der Vermieter den Mietgegenstand, der schon vor der Kündigung zur Unterbringung von Arbeitern oder sonstigen Angestellten des eigenen Betriebes bestimmt war, für diesen Zweck dringend benötigt. Bei der Beurteilung, ob ein dringender Bedarf vorliegt, ist auf die Betriebsnotwendigkeit abzustellen. Eine weitere Voraussetzung ist, dass die aufgekündigte Wohnung seinerzeit tatsächlich der Unterbringung von Dienstnehmern des eigenen Betriebes gedient hat, wobei die Rechtsform „Dienstwohnung oder Vermietung“ gleichgültig ist. Zusätzlich darf die Vermietung der Wohnung nur vorübergehend an betriebsfremde Personen erfolgt sein.

Ersatzbeschaffung - § 32 MRG*

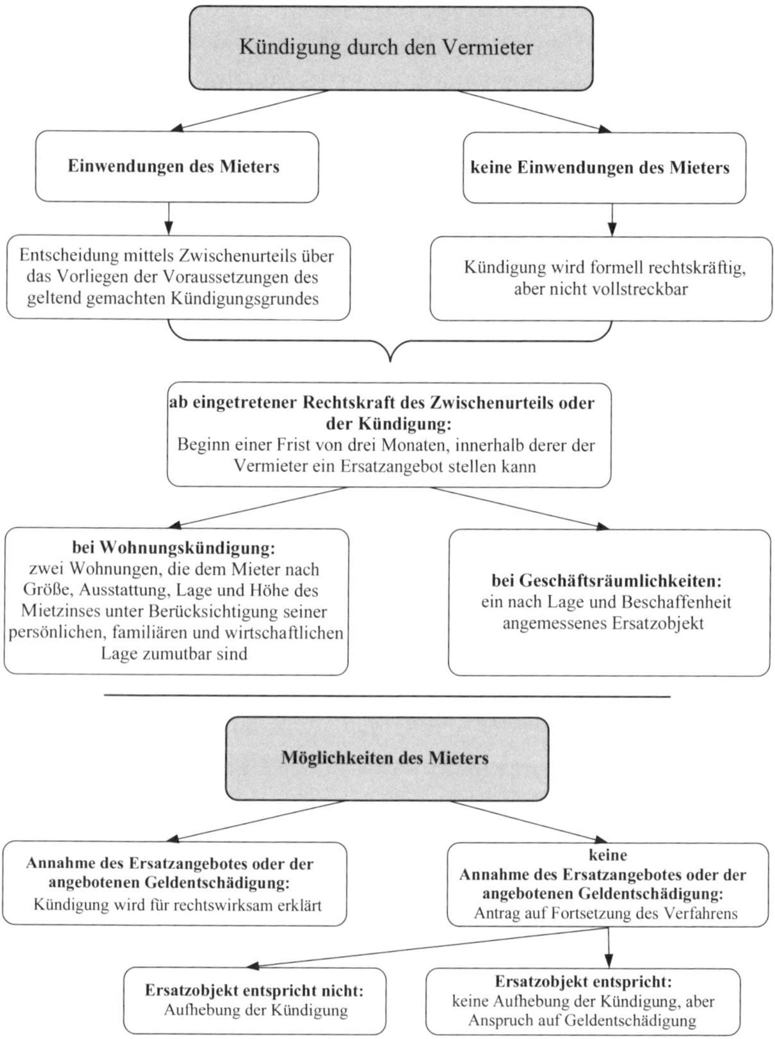

* Bei Geltendmachung der Kündigungsgründe des § 30 Abs 2 Z9, 11 und 14 bis 16 MRG für den Vermieter verpflichtend!

k) Bedarf von Gebietskörperschaften – § 30 Abs 2 Z 11 MRG

Soll ein Mietgegenstand des Bundes, eines Bundeslands oder einer Gemeinde auf eine Art verwendet werden, die in einem höheren Maß den Interessen der Verwaltung dient als die gegenwärtige Verwendung und wird gleichzeitig dem Mieter Ersatz beschafft, kann eine Kündigung ausgesprochen werden. Unter den Interessen der Verwaltung sind nur die Interessen der Hoheitsverwaltung zu verstehen, sodass der Bedarf für eine Bibliothek und Räume des Tourismusverbandes nicht zu berücksichtigen ist, weil diese Tätigkeiten nicht der Hoheitsverwaltung zuzuzählen sind. Bei der Ersatzbeschaffung für den Vermieter kommt wiederum das Verfahren nach § 32 MRG zum Tragen.

l) Kündigung von Untermietverhältnissen – § 30 Abs 2 Z 12 MRG

Zunächst ist vorauszuschicken, dass ein Untermietverhältnis auch aus den übrigen in § 30 MRG aufgezählten Kündigungsgründen gekündigt werden kann, die Bestimmung des § 30 Abs 2 Z 12 MRG stellt eine zusätzliche Auflösungsmöglichkeit dar. Diese Bestimmung enthält zwei Tatbestände, die zur Kündigung berechtigen:

Fallkonstellation 1

Durch die Fortsetzung der Untermiete würden wichtige Interessen des Untervermieters verletzt, namentlich wenn der Untervermieter den Mietgegenstand für sich selbst oder für nahe Angehörige benötigt.

So wurde als wichtiger Grund angesehen, dass der Untervermieter im aufgekündigten Objekt ein Planungsbüro errichten will, um hier seiner beruflichen Tätigkeit nachzugehen.

Fallkonstellation 2

Dem Untervermieter kann nach den Umständen im konkreten Fall die Aufrechterhaltung der Wohnungsgemeinschaft mit dem Untermieter billigerweise nicht zugemutet werden.

m) Vereinbarte Kündigungsgründe - § 30 Abs 2 Z 13 MRG

Im Mietvertrag können auch zusätzliche Kündigungsgründe vereinbart werden. Voraussetzung für die Wirksamkeit einer derartigen Vereinbarung ist, dass sie schriftlich erfolgt und der Kündigungsgrund als wichtig und bedeutsam anzusehen ist. Der Kündigungsgrund muss ausreichend konkretisiert werden und den im Gesetz genannten Gründen in seiner Bedeutung nahe kommen.

Beispiele:

- Eigenbedarf bei Fertigstellung des in Bau befindlichen Sportgeschäftes des Vermieters bei einem Mietvertrag über eine Geschäftsauslage,
- bei Wohnungen durch Eheschließung oder Geburt von Kindern,
- nicht jedoch bei einer Vereinbarung, mit der der Verkauf des Hauses generell als Kündigungsgrund vereinbart wurde,
- ebenfalls nicht bei einem mietvertraglich vereinbarten Kündigungsgrund des Konkurses, wenn nicht zusätzlich ein besonders schutzwürdiges, wichtiges Interesse des Vermieters im Einzelfall vorliegt.

n) Wirtschaftliche Abbruchreife des Gebäudes - § 30 Abs 2 Z 14 MRG

Ist die ordnungsgemäße Erhaltung des Miethauses, in dem sich der Mietgegenstand befindet, aus den Hauptmietzinsen einschließlich der zur Deckung eines erhöhten Erhaltungsaufwandes zulässigen erhöhten Hauptmietzinses weder derzeit noch auf Dauer sichergestellt, so liegt wirtschaftliche Abbruchreife vor. Will der Vermieter nunmehr das Mietverhältnis aufkündigen, muss zunächst eine baubehördliche Abbruchbewilligung bereits im Zeitpunkt der Zustellung der Kündigung vorliegen und weiters muss dem Mieter Ersatz beschafft werden. Die Ursache für die Abbruchreife spielt keine Rolle, insbesondere ist es ohne Belang, dass der Vermieter grundsätzlich zur Erhaltung verpflichtet ist.[50]

o) Vorliegen von öffentlichen Interessen – § 30 Abs 2 Z 15 MRG

Unter besonderen Voraussetzungen kann der Vermieter einen „Interessenbescheid" erwirken, der ihn dazu berechtigt, eine Kündigung auszusprechen.

Die Voraussetzungen sind:

- ein Miethaus oder ein Teil des Miethauses, in dem sich der Mietgegenstand befindet, soll abgetragen oder umgebaut werden,
- mit dem Abbruch oder Umbau ist die Errichtung eines neuen Baues sichergestellt,
- die Bezirksverwaltungsbehörde hat auf Antrag des Bauwerbers mit Bescheid erkannt, dass selbst unter Berücksichtigung schutzwürdiger Interessen der bisherigen Mieter der geplante Neubau
  - aus Verkehrsrücksichten oder
  - zu Sanierungszwecken oder
  - zur Vermehrung der Wohnungen, die zur Beseitigung oder Milderung eines im Ortsgebiet bestehenden quantitativen Wohnungsbedarfes geeignet sind, im

  öffentlichen Interesse liegt,
- den Mietern wird Ersatz beschafft.

Beispiel

Das Vorliegen des öffentlichen Interesses wurde bei der Errichtung eines Studentenheimes mit 74 Wohneinheiten anstelle eines Althauses mit zwölf Wohnungen, von denen ohnehin nur noch drei vermietet waren, bejaht.

---

50 LGZ Graz 3 R 312/01a

p) Verweigerung der Standardanhebung – § 30 Abs 2 Z 16 MRG

Ist der Hauptmieter einer Wohnung der Ausstattungskategorie „D" weder bereit, eine vom Vermieter durch Installation einer Wasserentnahmestelle oder eines Klosetts im Inneren angebotene Standardverbesserung zuzulassen oder selbst vorzunehmen, kann das Mietverhältnis aufgekündigt werden, wenn dem Mieter Ersatz beschafft wird. Diese Kündigungsmöglichkeit kommt nur hinsichtlich der oben angeführten Verbesserungsmaßnahmen in Betracht, nicht jedoch bei anderen Verbesserungen.

5. Teilkündigung – § 31 MRG

Der Mietvertrag kann hinsichtlich einzelner Teile eines Mietgegenstandes gekündigt werden, wenn:

- Eigenbedarf des Vermieters oder eines Miteigentümers des Hauses, der wenigstens Hälfteeigentümer ist, für diese oder für Verwandte in gerader Linie vorliegt,
- der restliche Teil des Mietgegenstandes abgesondert benutzbar ist oder ohne unverhältnismäßige Schwierigkeiten abgesondert benutzbar gemacht werden kann,
- der verbleibende Mietgegenstand zur Befriedigung des Wohnbedürfnisses des Mieters und der schon bisher mit ihm im gemeinsamen Haushalt darin wohnenden eintrittsberechtigten Personen oder zur Besorgung seiner Geschäfte ausreicht.

Der Mieter hat aber das Recht, zu erklären, dass er den Mietvertrag auch hinsichtlich des restlichen Teils des Mietgegenstandes nicht fortsetzen will. Diese Erklärung ist unverzüglich nach Rechtskraft des Urteiles gegenüber dem Vermieter abzugeben, der Mietvertrag endet dann hinsichtlich des ganzen Mietgegenstandes zum Kündigungstermin. Überdies ist bei Weiterbestehen des Mietvertrages hinsichtlich der von der Teilkündigung nicht erfassten Räumlichkeiten die Höhe des Mietzinses entsprechend zu vermindern.

Auch dem Mieter kommt das Recht zur Teilkündigung von mitgemieteten Nebenräumen oder Nebenflächen zu, wenn diese abgesondert benutzbar sind oder ohne unverhältnismäßige Schwierigkeiten abgesondert benutzbar gemacht werden können. Die für die Trennung erforderlichen Kosten hat mangels entsprechender Vereinbarung der aufkündigende Mieter zu tragen.

6. Form der Kündigung

Mietverträge können vom Mieter seit der Wohnrechtsnovelle 2006 sowohl gerichtlich als auch schriftlich, vom Vermieter jedoch ausschließlich gerichtlich aufgekündigt werden. Näheres dazu im Kapitel XIV.

XIV. Kapitel Beendigung von Bestandverhältnissen – Verfahren

Auch wenn die Voraussetzungen der Aufkündigung eines Mietverhältnisses gegeben sind, kommt dem Verfahrensrecht besondere Bedeutung zu. In diesem Kapitel werden die wichtigsten Punkte eines Kündigungsverfahrens behandelt.

1. Gerichtliche Aufkündigung

a) Inhaltliche Erfordernisse

Seit dem Inkrafttreten der Wohnrechtsnovelle 2006 (1. Oktober 2006) trifft die Verpflichtung, den Mietvertrag gerichtlich zu kündigen, nur mehr den Vermieter. Der Mieter hingegen hat die Wahl, ob er die Kündigung gerichtlich oder in einfacher Schriftform vornimmt.

Die gerichtliche Aufkündigung hat insbesondere die genaue Bezeichnung des Bestandgegenstandes, den Hinweis auf Einhaltung der gesetzlichen oder vertraglich vereinbarten Kündigungsfrist sowie den Zeitpunkt der Beendigung des Bestandvertrages zu enthalten. Zusätzlich muss der Antrag gestellt werden, dem Kündigungsgegner aufzutragen, den bezeichneten Bestandgegenstand längstens binnen 14 Tagen nach dem genannten Kündigungstermin bei sonstiger Exekution zu übergeben oder zu übernehmen oder gegen die Aufkündigung binnen vier Wochen Einwendungen zu erheben.

Weiters hat der kündigende Vermieter die geltend gemachten Kündigungsgründe kurz anzuführen, wobei zu beachten ist, dass im Verfahren nur die Kündigungsgründe geltend gemacht werden können, die im Rahmen der gerichtlichen Aufkündigung angeführt wurden. Daher empfiehlt es sich dringend, alle in Frage kommenden Kündigungsgründe geltend zu machen.

Geht die Kündigung dem Vertragspartner erst nach Beginn der für den darin genannten Kündigungstermin einzuhaltenden Kündigungsfrist zu (vgl dazu Punkt 5.), so entfaltet sie ihre Wirkung gemäß § 33 Abs 1 Satz 2 MRG für den ersten späteren Kündigungstermin, für den die Frist zu diesem Zeitpunkt noch offen ist. Im Falle einer gerichtlichen Aufkündigung muss jedoch unseres Erachtens für den Fall, dass dagegen eine Einwendung erhoben wird, jedenfalls das Kündigungsbegehren hinsichtlich des angestrebten Kündigungstermins berichtigt werden, da eine amtswegige Berichtigung ungeachtet der obigen materiellrechtlichen Bestimmung prozessual wohl nicht in Frage kommt.

Tipp

Das Formular hinsichtlich einer gerichtlichen Aufkündigung finden Sie unter www.justiz.gv.at.

b) Beschluss

Aufgrund der gerichtlichen Aufkündigung wird zunächst ohne Weiteres vom Gericht ein Beschluss erlassen. Durch diesen wird dem Kündigungsgegner aufgetragen, der Aufkündigung bei sonstiger Exekution rechtzeitig Folge zu leisten oder gegen die Aufkündigung längstens binnen vier Wochen nach Zustellung des Beschlusses mündlich oder schriftlich bei Gericht Einwendungen zu erheben. Für das Verfahren zuständig ist das Bezirksgericht, in dessen Sprengel sich der Mietgegenstand befindet.

Erhebt der Kündigungsgegner keine Einwendungen, so wird der Beschluss rechtskräftig und vollstreckbar. Erhebt er jedoch innerhalb der genannten vier Wochen Einwendungen gegen die Kündigung, so wird ein ordentliches Verfahren eingeleitet und mit Urteil über die Berechtigung der Kündigung entschieden.

c) Einwendungen

Wird fristgerecht Einspruch gegen den Beschluss über die Aufkündigung des Mietgegenstandes erhoben, so wird das ordentliche Verfahren eingeleitet. Als Einspruch genügt auch eine sogenannte „leere Einwendung", das bedeutet, dass die Einwendung als solches nicht begründet werden muss. Es ist daher jede Äußerung ausreichend, aus der ersichtlich ist, dass sich der Kündigungsgegner gegen die Aufkündigung ausspricht. Wie beispielsweise: „Ich erhebe Einspruch!"

d) Verfahrensgang

Das sich an eine erhobene Einwendung anschließende gerichtliche Verfahren ist durch eine Reihe von Besonderheiten gekennzeichnet. Wie bereits ausgeführt, kann der Vermieter im Verfahren keine zusätzlichen Kündigungsgründe, die nicht in der gerichtlichen Aufkündigung angeführt wurden, geltend machen. Hinsichtlich der Beweislast hat der Vermieter im Falle der Erhebung von Einwendungen durch den Mieter nachzuweisen, dass der von ihm geltend gemachte Kündigungsgrund auch tatsächlich vorliegt. Allerdings ist aufgrund der Bestimmungen des § 30 MRG auch der Mieter für bestimmte Tatbestandsvoraussetzungen beweispflichtig.

So trifft den Mieter die Beweislast hinsichtlich nachstehender Beweisthemen:

- bei Zurechnung des Verhaltens anderer Personen im Sinne des § 30 Abs 2 Z 3 MRG an den Mieter → für die Unmöglichkeit, Abhilfe zu schaffen
- bei Weitergabe des Mietgegenstandes (§ 30 Abs 2 Z 4 MRG) → für seinen zukünftigen Bedarf daran
- bei Tod des bisherigen Mieters für das Vorliegen eines Eintrittsrechtes im Sinne des § 14 Abs 3 MRG
- für das Vorliegen eines dringenden Wohnbedürfnisses des Mieters oder der eintrittsberechtigten Personen trotz Nichtbenützung
- dass das Mietobjekt zu der im Vertrag bedungenen oder einer gleichwertigen geschäftlichen Betätigung regelmäßig verwendet wird

Daraus ergibt sich, dass auch bei nicht substantiierten Einwendungen des Mieters den Vermieter die überwiegende Beweislast für das Vorliegen der geltend gemachten Kündigungsgründe trifft.

e) Verlängerung der Räumungsfrist

Bei einem stattgebenden Urteil beträgt die Räumungsfrist gemäß § 573 ZPO 14 Tage. Allerdings ist abzuwarten, ob das Urteil auch tatsächlich rechtskräftig wird, da der unterliegende Teil die Möglichkeit hat, ein Rechtsmittel gegen den Urteilsspruch zu ergreifen. Die Frist für die Einbringung eines Rechtsmittels beträgt vier Wochen.

Tipp

Zu beachten ist in diesem Zusammenhang, dass der Räumungstitel (= stattgebende gerichtliche Entscheidung) gemäß § 575 Abs 3 ZPO dann außer Kraft tritt, wenn nicht binnen sechs Monaten ab Vollstreckbarkeit die Räumungsexekution beantragt wird.

Verlängerung der Räumungsfrist im Urteil

Auf Antrag des Mieters kann im Urteil eine längere als die gesetzliche Räumungsfrist festgesetzt werden, wenn der Mieter wichtige Gründe dafür geltend macht und dem Vermieter aus der Verzögerung der Räumung kein unverhältnismäßiger Nachteil erwächst. Die Verlängerung darf jedoch nicht mehr als höchstens neun Monate betragen. Während der Dauer der verlängerten Räumungsfrist bleiben die bisher bestehenden Rechte und Pflichten aus dem Mietverhältnis aufrecht. (§ 34 MRG)

Verlängerung der Räumungsfrist im Exekutionsverfahren

Eine zweite Möglichkeit der Verlängerung der Räumungsfrist besteht im Rahmen des Exekutionsverfahrens. Auf Antrag des Mieters ist die Räumungsexekution aufzuschieben, wenn er im Fall der zwangsweisen Räumung der Wohnung oder eines Wohnraumes der Obdachlosigkeit ausgesetzt wäre und wenn die Aufschiebung dem betreibenden Vermieter nach Lage der Verhältnisse zugemutet werden kann. Die bewilligte Verlängerung soll jedoch drei Monate nicht übersteigen. Bei besonders berücksichtigungswürdigen Umständen darf darüber hinaus ein weiterer Aufschub, jedoch höchstens zweimal und jeweils nicht länger als um drei Monate, bewilligt werden. (§ 35 MRG)

Wurde bereits im Urteil eine Verlängerung der Räumungsfrist bewilligt, so ist für eine weitere Verlängerung der Räumungsfrist das Vorliegen besonders berücksichtigungswürdiger Umstände notwendig. Die Gesamtdauer der so bewilligten Räumungsaufschübe darf ein Jahr nicht übersteigen.

Die Aufschiebung der Räumungsexekution kann auf Antrag des Vermieters widerrufen werden, wenn der Mieter nach der Bewilligung des Aufschubes einen neuen Kündigungsgrund gesetzt hat. Liegt beispielsweise nach Bewilligung des Aufschubes ein erheblich nachteiliger Gebrauch einer Wohnung durch den Verpflichteten vor oder besteht weiterhin ein Zinsrückstand, kann dem Betreibenden eine Aufschiebung der Räumungsexekution nach der Judikatur nicht zugemutet werden.

Weiters kann eine Aufschiebung nicht bewilligt werden, wenn das Haus abbruchreif ist und dadurch eine wesentliche Gefahr für das Leben und die Gesundheit von Menschen gegeben ist.

f) Benachrichtigung der Gemeinde

Das Gericht hat die betreffende Gemeinde von einem Kündigungsverfahren oder von einem abgeschlossenen Räumungsvergleich zu informieren, sofern sich der Mieter nicht gegen diese Benachrichtigung ausspricht. Die Gemeinde wird dadurch in die Lage versetzt, ihrerseits wiederum soziale Institutionen, die Hilfeleistungen bei drohendem Wohnungsverlust oder Obdachlosigkeit erbringen, von der Verfahrenseinleitung oder dem Vergleichsabschluss zu informieren.

2. Räumungsklage

Unter den nachstehenden Voraussetzungen kann der Vermieter die Räumung des Bestandobjektes durch Einbringung der Räumungsklage begehren:

- bei titelloser (= ohne Rechtsgrundlage) Benützung des Bestandobjektes
- bei befristeten Mietverhältnissen nach Ablauf der Bestandzeit (beachte die zwingende Frist von 14 Tagen!)
- bei sofortiger Auflösung des Bestandverhältnisses nach den Bestimmungen des ABGB
- bei Untergang der Bestandsache

Das Klagebegehren ist auf Räumung und Übergabe des Bestandobjektes gerichtet.

3. Übergabs-, Übernahmsauftrag – § 567 ZPO

Bei befristeten Mietverträgen, die ohne vorherige Aufkündigung nach Ablauf einer bestimmten Zeit erlöschen, kann eine gerichtliche Verfügung beantragt werden, mittels welcher dem Gegner aufgetragen wird, den Bestandgegenstand nach Ablauf der vertraglich vereinbarten Mietdauer bei sonstiger Exekution zu übergeben (Mieter) oder zu übernehmen (Vermieter) oder gegen diesen Auftrag binnen vier Wochen Einwendungen bei Gericht zu erheben. Dieser Antrag wird zumeist dann gestellt, wenn vermutet wird, der Mieter werde nicht zeitgerecht räumen oder der Vermieter werde nicht übernehmen. Der Übernahmsauftrag kommt in der Praxis allerdings kaum vor.

Zu beachten ist, dass der Übergabsauftrag bei Mietverhältnissen, die länger als sechs Monate befristet sind, nur innerhalb der letzten sechs Monate des Bestandverhältnisses gestellt werden kann. Bei Wohnungen, bei denen die Mindestbefristung von drei Jahren eingehalten werden muss, bedeutet dies, dass der Antrag auf Übergabe des Mietgegenstandes erst nach Ablauf von zweieinhalb Jahren gestellt werden kann. Wird der Antrag früher eingebracht, wird er ohne Weiteres zurückgewiesen.

Erhebt der Mieter keine Einwendungen, tritt Rechtskraft ein und der Übergabeauftrag kann zwangsweise durchgesetzt werden. Werden hingegen Einwendungen erhoben, wobei auch hier eine sogenannte leere Einwendung genügt, wird ein streitiges Verfahren eingeleitet und über den Antrag auf Erlassung eines Übergabeauftrages mit Urteil entschieden.

4. Räumungsvergleich

Ein Räumungsvergleich beinhaltet die Verpflichtung des Mieters, das Bestandobjekt zu dem im Vergleich angeführten Termin geräumt zu übergeben. Ein Räumungsvergleich muss vor Gericht abgeschlossen werden und stellt einen Exekutionstitel dar. Allerdings muss der Räumungsvergleich innerhalb von sechs Monaten nach dem vereinbarten Termin durchgesetzt werden, das heißt, es muss innerhalb dieser Frist

Räumungsexekution geführt werden. Wirksam wird ein Räumungsvergleich dann geschlossen, wenn bei Abschluss eines solchen sich der Mieter keiner Drucksituation ausgesetzt sieht. Dies wird von der Rechtsprechung im Wesentlichen dann angenommen, wenn der Mietvertrag bereits unterzeichnet und das Mietobjekt übergeben wurde.

5. Kündigungsfristen - Kündigungstermine

Man versteht unter Kündigungsfrist den Zeitraum zwischen Kündigungszugang und Kündigungstermin und unter Kündigungstermin den Zeitpunkt, zu dem der Mietvertrag enden soll. Grundsätzlich sind Kündigungsfristen und Kündigungstermine vertraglich vereinbar. Haben die Vertragsparteien diesbezüglich keine Vereinbarung getroffen, so kommen die gesetzlichen Kündigungsfristen und Kündigungstermine des § 560 ZPO zum Tragen. Diese richten sich bei Wohnungen und Wohnräumen nach der Mietzinszahlungsperiode. Ist der Mietzins in monatlichen oder in kürzeren Abständen zu bezahlen, beträgt die Kündigungsfrist ein Monat, ansonsten drei Monate.

Bei Geschäftsräumlichkeiten oder sogenannten „neutralen" Objekten (dienen weder Wohn- noch Geschäftszwecken) beträgt die Kündigungsfrist drei Monate, bei landwirtschaftlichen oder gärtnerischen Pachtverträgen sechs Monate, bei forstwirtschaftlichen Pachtverträgen beträgt die Kündigungsfrist ein Jahr.

Kündigungstermine

- Wohnräume: zum Monatsletzten
- Geschäftsräume oder „neutrale" Objekten quartalsmäßig: 31.3./30.6./30.9./31.12.
- allgemeine Pachtverträge halbjährlich: 30.6./31.12.
- landwirtschaftliche oder gärtnerische Pachtverträge: zum 31.3. oder 30.11.
- forstwirtschaftliche Pachtverträge: zum 30.11.

XV. Kapitel Bestandrecht des ABGB

Nicht alle Mietverhältnisse unterliegen dem MRG. Diesfalls kommt das Bestandrecht des ABGB zum Tragen, das sich doch in einigen Bereichen wesentlich vom Bestandrecht des MRG unterscheidet. Diese Unterschiede werden in diesem Kapitel erörtert.

1. Allgemeines

a) Anwendungsbereich

Unterliegt ein Mietverhältnis nicht den Bestimmungen des MRG (vgl dazu Kapitel I.), so gelangen in der Regel die Vorschriften des 25. Hauptstückes des ABGB (§§ 1090–1121) zur Anwendung. Das ABGB definiert den Bestandvertrag als die Gestattung des Gebrauchs einer unverbrauchbaren Sache auf eine gewisse Zeit und gegen einen bestimmten Preis. Der Bestandvertrag des ABGB wird sehr weit verstanden, so fällt beispielsweise ein Messeteilnahmevertrag ebenso wie die Beistellung eines Schlafwagenplatzes unter dieses Vertragsverhältnis.

b) Abgrenzung zwischen Miete und Pacht

Das ABGB unterscheidet weiters Miete und Pacht. Nach der Judikatur ist für die Frage, ob Miete oder Pacht vorliegt, die Zweckbestimmung der Sache zur Zeit des Vertragsabschlusses sowie die Art des Gebrauches maßgebend, nicht jedoch die von den Parteien gewählte Bezeichnung des Vertrages. Diese Unterscheidung ist deshalb wichtig, weil das MRG ausschließlich für Mietverträge Geltung hat, während Pachtverhältnisse vom Anwendungsbereich des MRG ausgenommen sind. Für das Vorliegen eines Pachtverhältnisses spricht, wenn ein lebendes Unternehmen übergeben wird, also eine organisierte Wirtschaftseinheit mit allen wesentlichen Grundlagen für die Betriebsführung wie Betriebsmittel, Warenlager, Kundenstock und Gewerbeberechtigung, zur Verfügung gestellt wird. Selbstverständlich müssen nicht alle diese Merkmale gleichzeitig gegeben sein, sondern es muss in jedem einzelnen Fall aufgrund der vorliegenden Umstände entschieden werden, ob im konkreten Fall Raummiete oder Unternehmenspacht vorliegt.

Nach der Judikatur wird die Betriebspflicht des Bestandnehmers als eines der wichtigsten Kriterien des Pachtvertrages bezeichnet. Die Bedeutung der Unterscheidung zwischen bloßer Miete von Geschäftsräumlichkeiten und Unternehmenspacht liegt unter anderem darin, dass im Vollanwendungsbereich des MRG bei der Geschäftsraummiete die Mietzinsbeschränkung des § 16 Abs 1 MRG, aber auch die Zinsanhebungsmöglichkeiten des Vermieters bei einer Unternehmensveräußerung gemäß § 12a MRG zum Tragen kommen.

Beispiel

Christoph F. ist Alleineigentümer eines Hauses, in dessen Erdgeschoß sich ein derzeit nicht bewirtschaftetes Wirtshaus befindet. Küche, Schank und Gasträume sind in bestem Zustand und können ohne Weiteres verwendet werden. Christoph F. sucht nunmehr einen Interessenten, der den stillgelegten Betrieb wieder zum Leben erweckt und fortführt. In der Folge schließt Christoph F. mit Heinrich M. einen „Mietvertrag" über diese Räumlichkeiten zum Zwecke des Betriebs einer Gastwirtschaft. Ungeachtet der Bezeichnung als Mietvertrag handelt es sich hier tatsächlich um ein Pachtverhältnis.

c) Dispositives - zwingendes Recht

Die Bestimmungen des MRG sind im Unterschied zum ABGB relativ zwingend, das heißt, es kann von diesen Bestimmungen nur zugunsten des Mieters abgegangen werden. Das Bestandrecht des ABGB ist hingegen grundsätzlich dispositiv (= abänderbar). Davon bestehen allerdings zwei wesentliche Ausnahmen: Zum einen das Mietzinsminderungsrecht des Mieters gemäß § 1096 Abs 1 Satz 2 ABGB (siehe dazu unten) und zum anderen das außerordentliche Kündigungsrecht des Mieters bei Vorliegen von gesundheitsschädlichen Wohnräumen im Sinne des § 1117 Satz 2 ABGB. Diese Bestimmungen können vertraglich nicht abbedungen werden.

2. Vertragsschluss

Grundsätzlich kommt ein Bestandvertrag mit der Willenseinigung der Vertragspartner über die Bestandsache, die Dauer des Bestandverhältnisses und die Höhe des Bestandzinses zustande. Da Verträge, sofern nicht ausdrücklich die Einhaltung einer bestimmten Form vorgeschrieben ist, auch mündlich geschlossen werden können, ist die Errichtung einer förmlichen Mietvertragsurkunde nicht Voraussetzung für den Abschluss eines wirksamen Mietvertrages. Die Übergabe der Bestandsache ist für den Abschluss bzw die Wirksamkeit des Vertrages nicht ausschlaggebend. Ebenso steht nach der Judikatur dem Zustandekommen des Vertrages an sich nicht entgegen, dass Nebenpunkte nicht besprochen wurden; die fehlenden Punkte sind vielmehr aus dem Willen der Parteien zu erschließen oder aus dem Gesetz zu ergänzen. Nur für den Fall, dass ausdrücklich über Nebenpunkte verhandelt wurde, kommt der Vertrag erst bei Einigung hinsichtlich dieser Punkte wirksam zustande.

Ein Bestandvertrag kann auch stillschweigend durch schlüssige Handlungen geschlossen werden, so zB wenn die Benützung der Bestandsache geduldet und ein Mietzins angenommen wurde. Allerdings gelten für die Annahme eines stillschweigenden Vertragsabschlusses strenge Kriterien.

Beispiel

Anna H. verhandelt mit Paul B. über die Vermietung ihrer Eigentumswohnung, ohne jedoch Paul B., der an der Anmietung interessiert ist, eine verbindliche Zusage zu erteilen. Beim nächsten Zusammentreffen teilt sie Paul B. zum einen ihre Bankverbindung mit und übergibt ihm zum anderen die Schlüssel des Bestandobjekts mit den Worten: „Du kennst dich ja ohnehin aus." Hier wird unter Berücksichtigung aller Umstände jedenfalls ein stillschweigender Mietvertragsabschluss über die gegenständliche Eigentumswohnung vorliegen.

Zu beachten ist, dass bei Vorliegen einer schlichten Miteigentumsgemeinschaft sowohl zum Abschluss als auch zur Kündigung eines Mietvertrages grundsätzlich nur die Mehrheit der Miteigentümer legitimiert ist. Liegt jedoch eine Benützungsregelung hinsichtlich der Bestandsache vor, durch die ein Miteigentümer auch im Namen der übrigen Miteigentümer über diese Bestandsache verfügen darf, ist sowohl der Abschluss als auch die Kündigung eines Mietvertrages durch diesen Miteigentümer wirksam.

3. Mietzins

a) Art und Höhe der Mietzinszahlung

Der Mietzins des ABGB unterliegt keinerlei gesetzlichen Beschränkungen und kann von den Vertragsparteien frei vereinbart werden. Der Bestandzins kann sowohl in Form von Geld als auch in Form von Dienstleistungen erbracht werden. So wurde von der Rechtsprechung die Verpflichtung zur Instandhaltung des Bestandobjektes oder die Überlassung einer Wohnung gegen Besorgung der Hausverwaltung als zulässige Zinsvereinbarung angesehen. Davon zu unterscheiden ist das Benützungsentgelt, das für den Zeitraum zu zahlen ist, in dem das Bestandobjekt beispielsweise nach Auflösung des Bestandvertrages ohne Rechtstitel benützt wird. Die Höhe des Benützungsentgeltes entspricht bei Bestandräumlichkeiten in der Regel dem für solche Räume ortsüblichen Mietzins.[51]

Im Unterschied zum Vollanwendungsbereich des MRG kann die Höhe des Mietzinses auch nicht gerichtlich oder von einer Schlichtungsstelle überprüft werden. Lediglich mit Hilfe der allgemeinen zivilrechtlichen Bestimmungen, wie beispielsweise hinsichtlich des Wuchers, der Sittenwidrigkeit oder der laesio enormis (= Verkürzung über die Hälfte des wahren Wertes), kann ein überhöhter Mietzins bekämpft werden.

b) Zeitpunkt der Mietzinszahlung

Ist im Mietvertrag nichts vereinbart, so ist der Mietzins, wenn eine Sache auf ein oder mehrere Jahre in Bestand genommen wird, halbjährlich, bei einer kürzeren Bestandzeit hingegen nach Ablauf derselben zu entrichten. Das ABGB sieht aber auch vor, dass bei der Auslegung eines Mietvertrages Rücksicht auf die ortsüblichen Mietzinszahlungsperioden zu nehmen ist, sodass gerade bei Raummieten von einer monatlichen Zahlungspflicht auszugehen ist. Dennoch empfiehlt es sich, diesbezüglich eine klare Regelung in den Vertrag aufzunehmen, die auch eine Wertsicherung beinhalten sollte.

---

[51] 7 Ob 2366/96h

c) Gesetzliches Pfandrecht des Vermieters

Zur Sicherstellung des Bestandzinses hat der Vermieter einer unbeweglichen Sache gemäß § 1101 ABGB ein Pfandrecht an den eingebrachten, dem Mieter oder seinen mit ihm im gemeinschaftlichen Haushalt lebenden Familienmitgliedern gehörigen Einrichtungsstücken und Fahrnissen, soweit sie nicht der Pfändung entzogen sind. Werden Gegenstände vor der gerichtlichen Pfändung aus dem Bestandobjekt entfernt, so erlischt das Pfandrecht. Zieht der Mieter aus oder werden die Sachen aus dem Mietgegenstand entfernt, ohne dass der Mietzins entrichtet oder sichergestellt ist, so steht dem Vermieter das Recht zu, die Sachen auf eigene Gefahr zurückzubehalten. Er muss aber binnen drei Tagen die pfandweise Beschreibung (gerichtliche Pfändung) betreiben oder nach Ablauf dieser Frist die Sachen herausgeben. Vergleiche dazu Kapitel IV.1.b.

4. Mietzinsminderung

a) Voraussetzungen

Eine in der Praxis sehr wichtige Regelung trifft § 1096 Abs 1 Satz 2 ABGB für den Fall, dass das Bestandobjekt bei der Übergabe derart mangelhaft ist oder während der Bestandzeit ohne Schuld des Bestandnehmers derart mangelhaft wird, dass es zu dem vereinbarten Gebrauch nicht mehr taugt. In diesem Fall wird der Mieter für die Dauer und unter Berücksichtigung des Ausmaßes der Unbrauchbarkeit des Mietgegenstandes von der Entrichtung des Mietzinses befreit. Diese Regelung kommt auch im Anwendungsbereich des MRG zum Tragen.

b) Beginn der Mietzinsminderung

Der Anspruch auf Zinsminderung besteht ab Beginn der Unbrauchbarkeit bzw Gebrauchsbeeinträchtigung des Bestandobjektes bis zu deren Behebung durch den Vermieter oder Mieter. Wusste der Bestandnehmer bereits bei Vertragsabschluss vom mangelhaften Zustand der

Bestandsache, kann er sein Recht auf Mietzinsminderung nicht geltend machen. Der Mieter ist weiters zur Zinsminderung berechtigt, wenn der Bestandgegenstand zwar als solcher nicht mangelhaft ist, der Vermieter ihm jedoch entweder den bedungenen Gebrauch nicht oder nicht im vollen Ausmaß gewährt oder ihn im vereinbarten Gebrauch stört.

Bei Vorliegen der Voraussetzungen für die Zinsminderung ist der Zins auch ohne Rechtsgestaltungserklärung oder Klage schon von Rechts wegen gemindert. Hat der Mieter dennoch den Mietzins bezahlt, so kann er diesen unter Umständen gemäß § 1431 ABGB wegen nicht Vorhandenseins eines Rechtsgrundes für die Zahlung zurückverlangen.

Allerdings bestehen auch Einschränkungen dieses Mietzinsminderungsrechtes. Beispielsweise ist dieses ausgeschlossen, wenn der Bestandnehmer in Kenntnis des Umstandes, dass die Wohnung während der Umbauarbeiten nicht benutzbar sein wird, in die vom Vermieter beabsichtigten Sanierungsmaßnahmen einwilligt oder wenn der Bestandnehmer die Umstände, die seinen Gebrauch behindern, akzeptiert.

c) Ausmaß der Mietzinsminderung

Das Ausmaß der Zinsminderung richtet sich nach der Dauer und dem Grad der Unbrauchbarkeit der Gesamtsache. Die Ermittlung der Zinsminderung erfolgt durch den Vergleich des Bestandzinses, der für das Mietobjekt ohne Mangel zu leisten wäre, mit dem Bestandzins, der für die Bestandsache mit den festgestellten Mängeln am Markt zu erzielen ist.

Beispiele für das zuerkannte Ausmaß einer Zinsminderung:

Verschmutzte und verwahrloste allgemein zugängliche Teile des Hauses über eine längere Zeit	5%
Unzureichende Wasserversorgung an sechs Tagen pro Monat	10%
Heizung im Jänner und Februar erreicht nur eine Raumtemperatur von 18 Grad Celsius	10%
Unbenutzbarkeit der Dusche wegen Temperaturschwankungen, die zu leichten Verbrennungen führen könnten	10%
Unbenutzbarkeit der Dusche sowie eine Feuchtigkeits- und Schimmelbildung, die zu einer allergischen Reaktion des Mieters führt	20%

Blei im Trinkwasser rechtfertigt nur in bestimmten Fällen eine Mietzinsminderung, idR nie mehr als	25%
Beeinträchtigung durch Baulärm in einem Büro, wenn die Mitarbeiter kaum mehr telefonieren und sich nur schreiend verständigen können	75%
Fehlende Wasser- und Stromversorgung über längere Zeit hinweg	80%
Massiver Schimmelpilzbefall in der gesamten Wohnung mit daraus resultierender Gesundheitsgefährdung der Bewohner	100%

Beispiele für nicht zuerkannte Zinsminderungsansprüche:

- wenn im Haus, in dem sich das Geschäftslokal befindet, ein den Mieter konkurrenzierendes Unternehmen eröffnet wird
- bei einer durch Gesetzmäßigkeiten des Marktes verursachten konjunkturellen Umsatzreduktion
- Beeinträchtigung durch LKW-Lärm auf der ca. 100 Meter entfernten Bundesstraße
- Mobilfunkanlage ohne nachgewiesene Gesundheitsgefährdung

Ein vertraglicher Ausschluss des Mietzinsminderungsanspruches ist, wie eingangs bereits ausgeführt, aufgrund des Charakters dieses Anspruches als zwingendes Recht nicht möglich. Ein allfälliger Verzicht entfaltet daher keine Wirkung.

Neben Zinsminderungsansprüchen kann der Mieter bei Vorliegen der notwendigen Voraussetzungen gegen den Vermieter auch Schadenersatzansprüche wegen Vertragsverletzung geltend machen. So zum Beispiel, wenn der Vermieter die Bestandsache ohne erfolgte Aufkündigung an einen Dritten weitervermietet oder wenn der Vermieter seine Pflicht zur Erhaltung des Mietgegenstandes schuldhaft verletzt und daraus eine Gesundheitsschädigung des Mieters resultiert.

5. Pflichten des Vermieters

a) Erhaltungspflicht

Der Vermieter ist gemäß § 1096 Abs 1 ABGB verpflichtet, das Bestandobjekt auf eigene Kosten in brauchbarem Zustand zu übergeben und zu erhalten und den Bestandnehmer in dem bedungenen Gebrauch oder Genuss der Bestandsache nicht zu stören. Unter Übergabe des Bestandobjektes wird die Verschaffung des vereinbarten Gebrauches, also dass das Mietobjekt mit allen seinen Teilen bestimmungsgemäß verwendet werden kann, verstanden. Kommt der Vermieter dieser Verpflichtung nicht nach, bedeutet dies Nichterfüllung des Vertrages, was auch Schadenersatzansprüche des Mieters nach sich ziehen kann. Die Brauchbarkeit der Bestandsache wird nach dem Vertragszweck beurteilt, sie muss also eine diesem entsprechende sowie eine verkehrsübliche Verwendung zulassen. Die Grenze der Verpflichtung des Vermieters, den bedungenen Gebrauch der Bestandsache zu verschaffen oder zu erhalten, stellt die Unmöglichkeit oder die Unerschwinglichkeit der Arbeiten dar. Zur Durchführung unwirtschaftlicher Instandsetzungsarbeiten ist der Bestandgeber daher nicht verpflichtet.

Beispiel

Hannes I. vermietet an das Amt für Raumplanung Büroräumlichkeiten. Durch die fehlerhafte Heizanlage herrschen in den Büroräumen so hohe Temperaturen, dass die Arbeitsfähigkeit der dort tätigen Beamten stark negativ beeinflusst wird, sodass der bedungene Gebrauch als Büroräume nicht möglich ist. Bei den Beamten treten Kopfschmerzen, Kreislaufstörungen und Schwindelanfälle auf. Hannes I. ist verpflichtet, die Gebrauchsfähigkeit des Mietgegenstandes durch Reparatur der Heizanlage herzustellen.

b) Schutz- und Sorgfaltspflichten des Vermieters

Den Vermieter treffen gegenüber dem Mieter Schutz- und Sorgfaltspflichten, vor allem im Hinblick auf Gefahrenquellen, die mit der Beschaffenheit des Bestandgegenstandes bzw der Art des Gebrauches zusammenhängen und nicht ohnehin für jedermann leicht erkennbar sind. Diese Schutz- und Sorgfaltspflichten bestehen auch gegenüber Personen, die im Interesse des Mieters die Bestandsache zulässigerweise benützen wie beispielsweise nahe Angehörige. So haftet ein Vermieter, wenn ihn ein Verschulden am Fehlen von Sicherheitsvorkehrungen am Tor einer Tiefgarage des Hauses trifft, für Schäden, die ein Kind eines Mieters dadurch erleidet.[52]

Beispiel

Durch eine mangelhafte Elektroinstallation fällt immer wieder die Stiegenhausbeleuchtung zur Gänze aus. Dadurch besteht für spät nachts heimkehrende Mieter die Gefahr, durch einen Fehltritt zu stürzen und sich erheblich zu verletzen. Der Vermieter ist daher verpflichtet, für eine ordnungsgemäße Beleuchtung zu sorgen.

Durch die Bestimmung des § 1096 ABGB wird dem Vermieter eine uneingeschränkte Erhaltungspflicht auferlegt. Die Erhaltungspflicht des Vermieters erstreckt sich nicht nur auf den Bestandgegenstand, sondern umfasst auch allgemeine Teile wie die Treppe des Hauses oder die Außenmauer einer vermieteten Wohnung.

Der bedeutende Unterschied zur im Vollanwendungsbereich des MRG zur Anwendung gelangenden Bestimmung des § 3 MRG liegt darin, dass die Erhaltungspflicht des Vermieters vertraglich auf den Mieter überwälzt werden kann, wobei die Grenze im Bereich der Sittenwidrigkeit anzusiedeln ist. Gewerbliche Vermieter haben allerdings auf die Anwendbarkeit des Konsumentenschutzgesetzes (KSchG) zu achten und das dort verankerte Transparenzgebot zu beachten. Wird dies unterlassen, so werden derartige Vertragsbestandteile von der jüngsten Judikatur als unwirksam betrachtet.[53] Hat sich also der Mieter vertraglich verpflichtet, den Bestandgegenstand einschließlich der mitübergebenen Gegenstände auf seine Kosten in gutem Zustand zu erhalten,

---

52 2 Ob 523/91

53 Beachte insbesondere nachstehende Entscheidungen: 7 Ob 78/06f; 1 Ob 241/06g; 6 Ob 81/09v; 6 Ob 104/09a (Ausmalentscheidung)

so fallen nach der Judikatur darunter nicht nur Ausbesserungen oder Instandsetzungen, sondern unter Umständen auch der Ersatz bzw die Erneuerung eines ohne sein Verschulden schadhaft gewordenen Inventargegenstands.

Zulässig ist es daher, die Kosten der Reparatur oder die Erneuerung elektrischer Durchlauferhitzer, Elektroboiler oder einer Heiztherme auf den Mieter überzuwälzen. Allerdings kann sich die vertraglich vereinbarte Instandhaltungspflicht des Mieters nur auf die Erhaltung und Wiederherstellung des bereits ursprünglich gegebenen Zustandes der Wohnung erstrecken, nicht aber auf die Herstellung eines verbesserten Zustandes.

c) Schutz vor Störungen Dritter

Der Vermieter ist verpflichtet, dafür zu sorgen, dass der Mieter nicht durch Dritte, wozu auch andere im selben Haus wohnende Mieter zählen, im Gebrauch des Bestandgegenstandes gestört wird. Es ist ebenfalls Sache des Vermieters, einen noch unbekannten Störer zu identifizieren, weil die Ausforschung der erste Schritt ist, um Störungen – mit welchen Mitteln immer – zu unterbinden. Wie der Vermieter die Ausforschung vornimmt, bleibt ihm ebenso überlassen wie die Wahrung seiner grundsätzlichen Verpflichtung, geeignete Maßnahmen zu ergreifen, um den ordnungsgemäßen Gebrauch des Mietobjektes sicherzustellen.

Beispiele für Störungen des bedungenen Gebrauchs durch Dritte:

- unleidliches Verhalten eines Mietmieters oder des Hausbesorgers
- wörtliche und tätliche Behelligungen durch eine neonazistische Gruppe, die im Haus eine Geschäftsstelle betreibt
- Belästigungen durch Freier einer Wohnungsprostituierten
- Schäden an einer Markise durch herabgeworfene Zigarettenstummel
- Lagerung von Sperrmüll auf dem Zugangsweg

- Verletzungen der Vorschriften über die Haustorsperre
- Lärmbelästigungen, die eine unzumutbare Beeinträchtigung darstellen

Grundsätzlich steht dem Mieter das Recht zu, selbst unmittelbar gegen den Störer vorzugehen, er verliert aber dadurch nicht seinen Anspruch gegenüber dem Vermieter auf Beseitigung der Störung. Er kann auch nicht vom Vermieter verhalten werden, selbst gegen den Störer vorzugehen.

6. Rechte und Pflichten des Mieters

a) Gebrauchsrecht des Mieters

Den Mieter trifft die Pflicht, den Mietgegenstand schonend und tunlich zu behandeln, er darf keinen erheblich nachteiligen Gebrauch davon machen. Grundsätzlich ist das Gebrauchsrecht des Mieters nach Inhalt und Zweck des Vertrages sowie nach Ortsgebrauch und Verkehrssitte bestimmt. Dem Vertragsinhalt kommt diesbezüglich große Bedeutung zu. Wird beispielsweise im Vertrag ausdrücklich die Benützung des Hausgartens ausgeschlossen, so ist dies für den Mieter bindend. Der Mieter ist nur zum schonenden Gebrauch ohne Verletzung der Substanz des Bestandobjektes berechtigt. Eine Verletzung der Substanz liegt dann vor, wenn diese nicht geringfügig oder nicht wieder leicht zu beseitigen ist.

Beispiele für das Gebrauchsrecht des Mieters

- Anbringung eines Briefkastens
- freie Benützung des Zugangs zum Bestandobjekt
- Recht auf Anbringung eines Geschäftsschildes (eingeschränkt durch das Erfordernis des Vorliegens eines berechtigten Interesses, der Nichtbeschädigung und Nichtbeeinträchtigung der äußeren Erscheinung des Hauses sowie der Nichtstörung der anderen Mieter)

- ähnlich die Anbringung von Fernseh-, insbesondere Parabolantennen
- bei Fehlen einer gegensätzlichen Bestimmung im Mietvertrag die Nutzung der Wohnung zu gewerblichen Zwecken
- Recht auf Nutzung der Stromversorgungsanlagen

Verneint wurde das Gebrauchsrecht des Mieters bei:

- Anbringung eines eisernen Fahnenstangenhalters
- Anbringung einer ungewöhnlichen Beflaggung
- Entfernung von Fenstersprossen

Mit dem Gebrauchsrecht des Mieters verbunden ist auch eine allgemeine Sorgfaltspflicht. Grundsätzlich hat der Mieter auch das Recht zur Nutzung der außerhalb des eigentlichen Bestandobjekts gelegenen, allgemein zugänglichen Teile der Liegenschaft wie einer Gartenfläche oder einer Waschküche.

b) Anzeigepflicht von notwendigen Instandsetzungsarbeiten

Den Mieter trifft gemäß § 1097 ABGB auch die Verpflichtung, dem Vermieter die Notwendigkeit von Instandsetzungsarbeiten, zu deren Vornahme dieser verpflichtet ist, ohne Verzug mitzuteilen. Der Zweck liegt darin, dass der Vermieter in die Lage versetzt wird, seiner Verpflichtung auch nachzukommen. Unterlässt der Mieter diese Verständigung, so kann er unter Umständen schadenersatzpflichtig werden.

c) Anspruch auf Aufwandersatz

Nimmt der Mieter einen dem Vermieter obliegenden Aufwand für das Bestandobjekt oder einen nützlichen Aufwand selbst vor, so wird er hinsichtlich des ihm zustehenden Aufwandersatzes wie ein Geschäftsführer ohne Auftrag (§§ 1035–1040 ABGB) behandelt. Weiters muss er den Ersatz seines getätigten Aufwandes längstens binnen sechs Monaten nach Zurückstellung des Bestandobjektes gerichtlich fordern. Unterlässt er dies, erlischt sein Klagerecht. Auf den Ersatzanspruch kann der

Mieter aufgrund des dispositiven Charakters dieser Bestimmung auch wirksam verzichten, und zwar grundsätzlich auch schon im Vorhinein.

Hat der Mieter Schäden des Bestandobjektes selbst behoben, so kann er zwar ab diesem Zeitpunkt keinen Zinsminderungsanspruch mehr begehren, seinen Aufwandersatzanspruch kann er jedoch gegen die Mietzinsforderungen des Vermieters aufrechnungsweise geltend machen. (§ 1097 ABGB) Der Mieter kann jedoch nur dann Ersatz verlangen, wenn der getätigte Aufwand zum klaren und überwiegenden Vorteil des Bestandgebers erfolgte. Bei der Beurteilung, ob der Aufwand diesem Kriterium entspricht, ist von einer an der Verkehrsauffassung orientierten, objektiven Bewertung auszugehen, die auf alle Interessen des Vermieters Bedacht nimmt. So wurde ein Aufwandersatz nach der Judikatur für in der Wohnung zurückgelassenes Heizöl oder für eine nicht sachgerechte Reparatur eines ernsten Schadens abgelehnt.[54] Als berechtigt wurde der verlangte Aufwandersatz anerkannt, wenn durch Investitionen des Mieters der Wert des Bestandobjektes derart gesteigert wurde, dass der Vermieter dieses nun teurer vermieten kann. Der Mieter kann Aufwandersatz für Investitionen in der Regel erst dann begehren, wenn das Bestandverhältnis bereits beendet ist, da erst dann feststeht, ob diese Aufwendungen überhaupt noch wirksam sind.

d) Bauliche Veränderungen

Nach der Rechtsprechung ist der Mieter zu baulichen Veränderungen berechtigt, wenn sie nicht als erheblich zu bezeichnen und leicht wieder zu beseitigen sind, weiters dürfen durch die Vornahme dieser baulichen Veränderungen keine schutzwürdigen Interessen des Vermieters beeinträchtigt werden. Liegen diese Voraussetzungen vor, müssen auch bauliche Änderungen geduldet werden, die behördlich genehmigt werden müssen.

So hat der Vermieter beispielsweise

- die Errichtung eines Telefonanschlusses,

[54] 6 Ob 768/80

- die Einrichtung eines Badezimmers und die Zuleitung des Wassers aus der Hauswasserleitung in die Wohnung oder
- die Errichtung einer Wassertoilette in der Wohnung

ohne Weiteres zu dulden. Umgekehrt braucht der Mieter Bauführungen des Vermieters, wenn sie sein Gebrauchsrecht betreffen, nicht uneingeschränkt hinnehmen.

e) Übertragung von Bestandrechten

Wurde im Mietvertrag kein Verbot der Übertragung des Bestandrechts des Mieters an einen Dritten aufgenommen, so ist die Übertragung von Bestandrechten durch diesen zwar gegenüber dem nicht zustimmenden Vermieter unwirksam, dem Übernehmer gegenüber aber wirksam und führt zu einer Spaltung des Vertragsverhältnisses. Der Mieter bleibt weiterhin Vertragspartner des Vermieters, das Gebrauchsrecht steht jedoch dem Dritten zu. Insbesondere ist dies bei Veräußerungen von Unternehmen von Bedeutung.

Mietrechte können grundsätzlich nicht ohne Einwilligung des Vermieters übertragen werden. Wurde im Mietvertrag ein Weitergaberecht eingeräumt, ist der Mieter berechtigt, einen Nachmieter namhaft zu machen, der im Wege der Vertragsübernahme in das Bestandverhältnis eintritt. In der Regel wird aber das Auswahlrecht des Mieters insofern eingeschränkt sein, als der Vermieter den Eintritt des namhaft gemachten Dritten ableh nen darf, wenn gegen den Eintritt bzw die Person des Nachmieters sachlich begründete Bedenken bestehen.

Von der Vertragsübernahme zu unterscheiden ist die Ausübung des sogenannten Präsentationsrechts. Dies ist dann gegeben, wenn sich der Vermieter verpflichtet hat, unter bestimmten Bedingungen mit einem vom Mieter vorgeschlagenen geeigneten Dritten einen Vertrag gleichen oder bestimmten anderen Inhalts abzuschließen. Hier tritt der Nachmieter nicht in einen bestehenden Mietvertrag ein, sondern es muss erst ein neuer Vertrag zwischen Vermieter und Nachmieter abgeschlossen werden. Bei der Vereinbarung eines Präsentationsrechts handelt es sich aus rechtlicher Sicht um einen Vorvertrag zugunsten Dritter.

7. Untermiete

Grundsätzlich ist der Hauptmieter berechtigt, das Bestandobjekt ganz oder teilweise an einen Untermieter weiterzugeben. Zwischen dem Unterbestandgeber (Hauptmieter) und dem Unterbestandnehmer (Untermieter) gelten dieselben Regeln wie für das Hauptbestandverhältnis. Daraus folgt, dass dem Untermieter die gleichen Gebrauchsrechte wie dem Hauptmieter zustehen. Allerdings kann im Vertrag ein Untermietverbot aufgenommen werden, sodass bei einer vertragswidrigen Untervermietung der Vermieter zwar nicht das Recht der vorzeitigen Auflösung des Hauptmietvertrages hat, er aber auf Entfernung des Untermieters dringen kann. Der Untermieter hat gegen den Hauptvermieter (in der Regel der Eigentümer) kein Recht einer klagsweisen Durchsetzung auf Einräumung des Bestandrechts.

Wird der Hauptmietvertrag aus welchen Gründen auch immer beendet, endet auch die Untermiete, selbst wenn sie auf einen längeren Zeitraum abgeschlossen wurde. Zu beachten ist, dass auch ein Untermieter den Gebrauch der Bestandsache an einen Dritten weitergeben und dadurch seinerseits ein weiteres Bestandverhältnis begründen kann, sofern dies ohne Nachteil des Hauptbestandnehmers geschieht und dies im Unterbestandvertrag nicht ausdrücklich untersagt wurde.

Nach der Judikatur haftet der Unterbestandgeber dem Untermieter bei Verschulden für jeden durch Vernachlässigung seiner Pflichten schuldhaft verursachten Schaden, insbesondere auch durch vorzeitige Beendigung des Bestandverhältnisses. Ein solcher Schaden könnte entstehen, wenn dem Untermieter die Anmietung eines gleichwertigen Bestandobjektes nur zu einem höheren Bestandzins möglich wäre.

8. Beendigung des Bestandverhältnisses

a) Befristetes Mietverhältnis

Im Anwendungsbereich des ABGB kann die Dauer eines Bestandverhältnisses beliebig befristet werden. Ein befristetes Bestandverhältnis endet grundsätzlich durch Ablauf der vereinbarten Mietdauer. Diese kann ausdrücklich oder auch stillschweigend vereinbart werden. Eine wichtige Rechtsfolge des Abschlusses eines befristeten Mietvertrages liegt darin, dass beide Vertragsteile für die vereinbarte Dauer an den Mietvertrag gebunden sind. Es kann daher mangels gegenteiliger Vereinbarung (einvernehmliche Auflösung des Bestandvertrages) weder der Vermieter noch der Mieter das Mietverhältnis vor der vereinbarten Zeit auflösen. Unberührt davon bleiben jedoch die in den §§ 1117 und 1118 ABGB vorgesehenen Auflösungsmöglichkeiten.

Stillschweigende Verlängerung eines befristeten Bestandvertrages

In § 1114 ABGB finden sich die Regelungen hinsichtlich einer stillschweigenden Verlängerung des Bestandvertrages. Wurde im Bestandvertrag vereinbart, dass eine (ausdrückliche) Aufkündigung zu erfolgen hat, so wird der Vertrag durch die Unterlassung der Aufkündigung stillschweigend erneuert. Wurde hingegen keine Aufkündigung vereinbart, so erfolgt nur dann eine stillschweigende Erneuerung, wenn der Bestandnehmer nach Ablauf der vereinbarten Mietdauer fortfährt, die Bestandsache zu gebrauchen oder zu benützen, und der Vermieter es dabei bewenden lässt.

Will also der Vermieter den Mietvertrag nicht fortsetzen, hat er seinen diesbezüglichen Willen eindeutig – und zwar innerhalb von 14 Tagen nach Ablauf der Bestandszeit – zu äußern. Diesbezüglich ist der Vermieter beweispflichtig, sodass es sich empfiehlt, diesen Willen beispielsweise mittels eingeschriebenen Briefs oder vor unverdächtigen Zeugen zu äußern. Ohne jeden Zweifel zum Ausdruck gebracht wird der Wille des Vermieters, das Mietverhältnis nicht fortsetzen zu wollen, wenn er innerhalb von 14 Tagen nach Ablauf der Mietdauer gemäß § 569 ZPO die Räumungsklage einbringt.

Im Bereich der Wohnungsmiete ist die Rechtsfolge einer stillschweigenden Erneuerung des Bestandvertrages im Vergleich zum MRG deutlich gemildert. Die Verlängerung geschieht zwar unter den Bedingungen, unter welchen der Mietvertrag vorher geschlossen wurde, hinsichtlich der Dauer gilt er aber jedenfalls nur auf bestimmte Zeit verlängert. Die Verlängerung bestimmt sich nach der Zinszahlungsperiode. Bei Wohnungsmieten ist es sinnvoll, die Zinszahlungsperiode festzuhalten. In der Regel wird eine monatliche Zinszahlung vereinbart sein, sodass sich der Wohnungsmietvertrag jeweils um einen Monat verlängert.

Beispiel

Der in Wien lebende Andreas K. vermietet seine in einem Zweifamilienhaus gelegene Wohnung an Cornelia S. für die Dauer von zwei Jahren, ohne dass eine ausdrückliche Aufkündigung vereinbart wird. Aufgrund seiner starken beruflichen Inanspruchnahme übersieht Andreas K. den Endigungstermin und nimmt weiterhin den Mietzins entgegen. Das Mietverhältnis wird dadurch stillschweigend verlängert. Andreas K. hat jedoch bei Wohnungsmieten im Anwendungsbereich des ABGB die Möglichkeit, jeweils zum Ende einer Zinszahlungsperiode (in der Regel ein Monat) das Bestandverhältnis zu beenden.

b) Unbefristetes Mietverhältnis

Grundsätzlich kann im Anwendungsbereich des ABGB ein unbefristet geschlossener Bestandvertrag jederzeit durch Kündigung aufgelöst werden. Dabei bedarf es keiner Begründung, diese ist nur bei der außerordentlichen Aufkündigung, die wichtiger Gründe bedarf, notwendig. Es genügt also die Einhaltung der vereinbarten oder gesetzlichen Kündigungsfrist.

Die vertraglich vereinbarten Kündigungstermine gehen üblicherweise den gesetzlichen vor. Dennoch empfiehlt es sich, die Kündigungstermine und Kündigungsfristen des § 560 ZPO einzuhalten. Danach sind Mietverträge über Wohnungen oder Wohnräume zum letzten Tag eines jeden Monats unter Einhaltung einer einmonatigen Kündigungsfrist aufzukündigen. Eine dreimonatige Kündigungsfrist ist dann einzuhalten, wenn keine monatliche Zinszahlungspflicht, sondern längere Zahlungsperioden, beispielsweise halbjährliche, vereinbart wurden.

Mietverträge über Geschäftsräumlichkeiten sind quartalsmäßig aufzukündigen, das heißt jeweils zum 31. März, 30. Juni, 30. September oder 31. Dezember. Dabei ist eine dreimonatige Kündigungsfrist einzuhalten.

Auflösung des Bestandverhältnisses durch den Mieter – § 1117 ABGB

Der Mieter ist auch vor Ablauf der vereinbarten Mietdauer berechtigt, das Bestandverhältnis aufzulösen, wenn das Bestandobjekt in einem Zustand übergeben oder ohne seine Schuld in einen Zustand geraten ist, der es zu dem bedungenen Gebrauch untauglich macht. Ebenfalls steht ihm die Auflösung des Vertrages zu, wenn ein beträchtlicher Teil des Bestandobjektes durch Zufall auf eine längere Zeit entzogen oder unbrauchbar wird. Allerdings besteht die Verpflichtung des Mieters, bei behebbaren Mängeln den Bestandgeber davon zu informieren und ihn aufzufordern, binnen einer bestimmten Frist die Mängel zu beseitigen.[55]

Kommt der Vermieter dieser Aufforderung nicht nach, ist der Mieter berechtigt, die Auflösung des Bestandverhältnisses zu erklären. Zu beachten ist, dass mit der Auflösungserklärung des Mieters, der eine Aufforderung zur Beseitigung der Mängel und eine erfolglose Fristsetzung vorangegangen ist, das Bestandverhältnis – ohne Verpflichtung zur Einhaltung von weiteren Fristen – beendet ist. Die Auflösungsgründe des § 1117 ABGB stellen nachgiebiges Recht dar, sodass ein Verzicht auf bestimmte Auflösungsgründe an sich wirksam ist. Keine Verzichtsmöglichkeit besteht jedoch aufgrund ausdrücklicher gesetzlicher Anord-

---

[55] 8 Ob 171/98z

nung dann, wenn aufgrund der gemieteten Wohnräume die Gesundheit gefährdet ist. Ein derartiger Verzicht ist wirkungslos.

Beispiele für Auflösungstatbestände:

- Unbrauchbarkeit der Wohnung wegen Ungezieferbefalls
- unleidliches Verhalten einer anderen Mietpartei oder dieser zurechenbarer Dritter
- gesundheitsschädliche Schimmelbildung in der gemieteten Wohnung
- das Vorliegen von Rechtsmängeln, die das Bestandobjekt zum bedungenen Gebrauch untauglich machen, wie beispielsweise fehlende behördliche Genehmigungen (Baubewilligung, behördliche Sperrung uam)
- Weigerung des Vermieters, den Schaden zu beheben
- gänzliche Unbenützbarkeit einzelner Räumlichkeiten

Dem Mieter steht dieses Aufhebungsrecht jedoch nicht zu:

- bei der Miete einer Sommerwohnung wegen einer geringen Abweichung in der Angabe der Entfernung vom Schwimmbad
- wegen unbedeutender und leicht behebbarer Mängel
- wegen Baufälligkeit einzelner Hausteile, wenn die Wohnung des Mieters benutzbar ist
- wegen schlechtem Geschäftsgang, mit dem schon bei Abschluss des Mietvertrages gerechnet werden musste
- wegen der kurzfristigen Sperre einer Ersatzzufahrt zum Parkplatz, wenn eine andere Zufahrtsmöglichkeit existiert

Dem Mieter stehen bei berechtigtem Rücktritt allenfalls auch Schadenersatzansprüche gegen den Vermieter zu. So können beispielsweise anteilig Vermittlungsprovision und Vertragskosten zurückgefordert werden.

Auflösung des Bestandverhältnisses durch den Vermieter – § 1118 ABGB

Die Bestimmung des § 1118 ABGB enthält drei Auflösungsgründe:

- der Mieter macht einen erheblich nachteiligen Gebrauch von der Bestandsache
- der Mieter ist mit der Bezahlung des Zinses trotz Mahnung säumig
- das vermietete Gebäude muss neu errichtet werden

Auf die Auflösungsgründe des § 1118 ABGB kann aufgrund des dispositiven Charakters einvernehmlich verzichtet werden. Zu beachten ist aber, dass auch eine vereinbarte Unkündbarkeit die Anwendung des § 1118 ABGB nicht ausschließt.

Die Aufhebungserklärung nach § 1118 ABGB kann außergerichtlich durch einseitige, empfangsbedürftige Erklärung unter Angabe des Grundes erfolgen. Sie wird mit Zugang an den Vertragspartner wirksam. Die Auflösung des Bestandverhältnisses tritt daher schon mit Abgabe der (berechtigten) Auflösungserklärung ein.

Die Aufzählung der Aufhebungsgründe in § 1118 ABGB ist erschöpfend, daher ist beispielsweise die Aufhebung wegen gänzlicher Untervermietung nicht möglich. Allerdings wurde von der Rechtsprechung ein beharrliches, die anderen Mieter oder den Vermieter beleidigendes oder belästigendes Verhalten des Mieters als Aufhebungsgrund anerkannt, wenn in Folge dessen dem Bestandgeber die Fortsetzung des Bestandverhältnisses nicht zugemutet werden kann.

Bei einem sogenannten Gesamtmietverhältnis wird das einen Kündigungsgrund bildende Verhalten eines der Mitmieter den übrigen zugerechnet, sodass dieser Kündigungsgrund auch gegen die anderen Mitmieter Wirkung entfaltet.

Tipp

Da § 1118 ABGB nachgiebiges Recht darstellt, können auch weitere Aufhebungsgründe vertraglich vereinbart werden. Allerdings müssen diese Kündigungsgründe klar bezeichnet werden.

Nachteiliger Gebrauch

Nach der Rechtsprechung ist ein „erheblich nachteiliger Gebrauch" eine wiederholte, länger währende, bewusste oder grob fahrlässige, vertragswidrige Benützung der Bestandsache oder eine Reihe von Unterlassungen notwendiger Vorkehrungen. Weiters wird darunter auch jedes Verhalten des Vertragspartners verstanden, das die Fortsetzung des Vertragsverhältnisses unzumutbar macht. Zu beachten ist aber, dass nur ein unvorhersehbares Verhalten, durch das erkennbar schwerwiegende Interessen der anderen Partei gefährdet werden, den Tatbestand dieses Auflösungsgrundes verwirklicht. Die bloße Befürchtung, der andere Vertragsteil werde sich in Zukunft vertragswidrig verhalten, ist dafür nicht ausreichend.

Beispiele für einen gesetzwidrigen bzw vereinbarungswidrigen Gebrauch des Bestandgegenstandes:

- Wohnungsprostitution
- unleidliches Verhalten, wie Beschimpfungen oder Tätlichkeiten gegenüber den anderen Hausbewohnern oder dem Vermieter
- bauliche Veränderungen, die eine grundlegende Umgestaltung des Bestandgegenstandes bewirken, wenn dadurch wichtige Interessen des Bestandgebers verletzt werden
- widmungswidrige Verwendung des Bestandobjektes, wie die Verwendung eines als Garage gemieteten Raumes für ein Lebensmittelgeschäft
- Unterlassung der vertraglich übernommenen Instandhaltungspflicht

- Verwahrlosung des Bestandgegenstands durch Ansammlung von Müll
- wiederholtes pyromanisches Zündeln durch einen Mitbewohner des Mieters, wenn der Mieter nicht unverzüglich Abhilfe schafft
- ein den Ruf oder die Interessen des Bestandgebers schädigendes oder gefährdendes Verhalten, etwa die Begründung eines Rufs als Stundenhotel
- wiederholtes leichtfertiges Hantieren mit wasserführenden Anlagen
- vertragswidrige Haltung von acht nicht stubenreinen Hunden

Beispiele für einen nicht gesetzwidrigen bzw vereinbarungswidrigen Gebrauch des Bestandgegenstandes:

- Aufnahme von Verwandten und das Nächtigen anderer Personen im Bestandobjekt, sofern dem nicht ein vertraglich vereinbartes Verbot entgegensteht (ist einschränkend auszulegen)
- bei einer Geschäftsraummiete die Führung des Unternehmens ohne Gewerbeberechtigung
- undichte Abwasserleitungen und Wasserflecken aufgrund eines vom Mieter unsachgemäß hergestellten Anschlusses
- mangelnde Reinigung und Lüftung des Bestandobjektes sowie die Unterlassung bloßer Schönheitsreparaturen

Diese geschilderten Tatbestände können aber trotzdem einen Verstoß gegen die vertraglichen Pflichten wie beispielsweise eine schonende und tunliche Benützung des Mietobjektes darstellen, wobei die Pflichtverletzungen aber zB aufgrund einer geringeren Intensität die Fortsetzung des Vertragsverhältnisses nicht als unzumutbar erscheinen lassen.

Säumnis bei der Mietzinszahlung

Ein weiterer in der Praxis bedeutsamer Aufhebungsgrund des § 1118 ABGB liegt in der Säumnis der Zinszahlung durch den Mieter. Ein qualifizierter Zinsrückstand liegt allerdings nur dann vor, wenn der Mieter trotz gehöriger Mahnung, nämlich den fälligen Zins zu bezahlen und Einräumung einer angemessenen Nachfrist bis zu dem darauf folgenden Zinsfälligkeitstermin, den Zins nicht vollständig entrichtet hat.

Tipp

Das Aufhebungsrecht besteht auch bei Säumnis nur mit der Bezahlung eines Teilbetrages, wie beispielsweise der Nichtzahlung von Erhaltungs- und Verbesserungsbeiträgen oder dem Betriebskostenanteil.

Neuaufführung des Gebäudes

Voraussetzung dieses Auflösungsgrundes ist, dass das Gebäude tatsächlich neu aufgerichtet werden muss, eine Reparaturmaßnahme erfüllt also diesen Auflösungsgrund nicht. Hingegen besteht keine Notwendigkeit der tatsächlichen Absicht der Neuaufführung, es ist ausreichend, dass Abbruchreife des Hauses vorliegt. Dafür spricht, wenn ein Abbruchbescheid der Baubehörde bereits ergangen ist. Eine bloß wirtschaftliche Abbruchreife genügt dagegen nicht.

Weitere Auflösungsgründe

Nach § 1112 ABGB erlischt der Bestandvertrag von selbst, wenn das Bestandobjekt untergeht. Allerdings wird diese Bestimmung dahingehend einschränkend ausgelegt, dass das Bestandverhältnis nicht erlischt, soweit den Bestandgeber dem Bestandnehmer gegenüber eine Wiederherstellungspflicht trifft und die Wiederherstellung auch möglich ist. Eine solche Wiederherstellungspflicht kann nicht nur auf besonderen Vorschriften oder Vereinbarungen beruhen, sondern ist auch nach Treu und Glauben anzunehmen, etwa bei einer rechtswidrigen Zerstörung durch einen eigenmächtigen Umbau. Voraussetzung für die Anwendung dieser Bestimmung ist, dass ein gänzlicher Verlust der Bestandsache vorliegt, ansonsten steht dem Mieter nur das Recht auf Zinsminderung zu.

Vernachlässigt der Vermieter seine ihm obliegende Erhaltungspflicht des Bestandobjektes und wird es aus diesem Grunde abbruchreif, so gebührt dem Mieter Schadenersatz. Der Vermieter muss beweisen, dass ihn kein Verschulden an der eingetretenen Abbruchreife des Bestandobjekts trifft.

Veräußerung der Bestandsache – § 1120 ABGB

Veräußert der Vermieter das Bestandobjekt an einen Dritten, so kann dieser unter Einhaltung der gesetzlichen Kündigungsfristen das Bestandverhältnis kündigen, wobei diese Bestimmung nur auf Mietverträge Anwendung findet. Der alte Satz „Kauf bricht Miete" ist im Anwendungsbereich des ABGB dahingehend abgeschwächt, dass der Erwerber das Bestandverhältnis nur unter Einhaltung der gesetzlichen Kündigungsfrist kündigen kann. Auch dem Mieter steht umgekehrt ein Kündigungsrecht gegen den Erwerber zu. Im Anwendungsbereich des MRG bleiben hingegen die Kündigungsbeschränkungen des § 30 MRG weiterhin aufrecht.

Unanwendbar ist die Bestimmung des § 1120 ABGB jedoch dann, wenn der Bestandvertrag im Grundbuch eingetragen wurde, ein unbefristeter Bestandvertrag kann allerdings nicht verbüchert werden.

Grundsätzlich tritt der Erwerber in alle Bestimmungen des bestehenden Mietvertrages ein. Er muss daher auch vertragliche Sonderrechte des Mieters gegen sich gelten lassen.

Der Mieter ist berechtigt, von dem Veräußerer der Bestandsache Schadenersatz zu verlangen. Voraussetzung dieses Ersatzanspruches ist, dass der Mieter in Folge der Kündigung durch den Erwerber die Bestandsache vor Ablauf der vereinbarten Bestanddauer aufgeben muss. Die Einwilligung zum Verkauf oder die Aufgabe des Mietverhältnisses ohne Kündigung durch den Erwerber stellt jedoch nach der Judikatur einen Verzicht auf die Entschädigung dar.

9. Bestandrecht des ABGB im Todesfall

a) Tod einer der Vertragsparteien – § 1116a ABGB

Im Fall des Todes einer der Vertragsparteien wird ein Bestandvertrag nicht aufgehoben. Bei Wohnungsmieten kann jedoch, wenn der Mieter verstirbt, das Mietverhältnis ungeachtet der vereinbarten Dauer sowohl von den Erben des Mieters als auch vom Vermieter innerhalb der gesetzlichen Fristen gekündigt werden. Im Anwendungsbereich des MRG muss der Vermieter aber auch einen Kündigungsgrund des § 30 MRG wie beispielsweise Abs 2 Z 5 geltend machen.[56]

Grundsätzlich gilt diese Regelung auch für unter Kündigungsverzicht abgeschlossene Mietverträge. Die Bestimmung des § 1116a ABGB stellt dispositives (abänderbares) Recht dar. Daher steht es den Vertragsparteien frei, die Anwendung diese Regelung entweder zur Gänze auszuschließen oder diese hinsichtlich des konkreten Vertragsverhältnisses inhaltlich zu modifizieren.

Die Bestimmung des § 1116a ABGB ist nicht nur auf Hauptmietverhältnisse, sondern auch auf Untermietverhältnisse anwendbar. Beerbt der Vermieter den bisherigen Hauptmieter, so erlischt der Hauptmietvertrag durch Vereinigung, was zur Folge hat, dass ein mit dem seinerzeitigen Hauptmieter geschlossener Untermietvertrag gleichfalls erlischt. Der Hauseigentümer kann daher mit Räumungsklage gegen den Untermieter vorgehen. Erfolgt eine Vereinigung in der Person des Mieters und Vermieters, so erlischt zwar der bestehende Untermietvertrag nicht, der Untermieter erlangt aber deswegen nach der Judikatur nicht automatisch die Stellung eines Hauptmieters.

b) Zeitpunkt des Rechtserwerbes durch die Erben des Mieters

Hinsichtlich des Rechtsübergangs im Erbweg wird durch § 1116a ABGB keine Sonderregelung getroffen. Das heißt, dass vor Einantwortung der

---

[56] LGZ Wien 48 R 433/87

ruhende Nachlass, nach Einantwortung die berufenen Erben, denen der Nachlass eingeantwortet wurde, als Mieter des Bestandobjektes anzusehen sind. Daraus ergibt sich aber auch, dass die bloß erbserklärten Erben, denen die Verwaltung des Nachlasses nicht überlassen wurde, das Mietverhältnis nicht sofort aufkündigen können. Vor Einantwortung steht ja noch nicht fest, ob der Nachlass tatsächlich auf die das Erbe ansprechenden Personen übergeht.

Unter Erben im Sinne des § 1116a ABGB sind nicht nur alle oder einige der Gesamtrechtsnachfolger zu verstehen, sondern jeder, auf den das durch den Tod des Mieters in seinem Bestande unberührt gebliebene Mietverhältnis nach erbrechtlichen Bestimmungen überhaupt übergegangen ist.[57]

Das Kündigungsrecht des Vermieters erfährt eine Einschränkung dahingehend, dass er nicht gegen jemanden, der sein Recht auf Benützung der gemieteten Räume vom verstorbenen Mieter ableitet – gleichgültig, ob dieses Recht in Untermiete, Leihe oder widerruflicher Bittleihe oder irgendeinem anderen Verhältnis besteht –, über den Mieter hinweg mit Räumungsklage vorgehen kann. Solange nämlich die Einantwortung nicht erfolgt ist, ist der ruhende Nachlass und nach Einantwortung der Erbe Mieter. Daraus folgt aber, dass auch der (vertretene) Nachlass dem bisherigen Mitbewohner des Verstorbenen die Weiterbenützung der Wohnung gestatten kann.

Auf Seiten des Erben ist weiters zu beachten, dass er als Vertreter der Verlassenschaft ab der Überlassung oder Besorgung des Nachlasses oder aber nach Einantwortung als Vertragspartner des Vermieters verpflichtet ist, dem Vermieter den Tod des Mieters und das Fehlen allenfalls eintrittsberechtigter Personen bekannt zu geben; die schuldhafte Verletzung dieser Rechtspflicht macht ihn gegenüber dem Vermieter schadenersatzpflichtig.

---

[57] 3 Ob 141/81

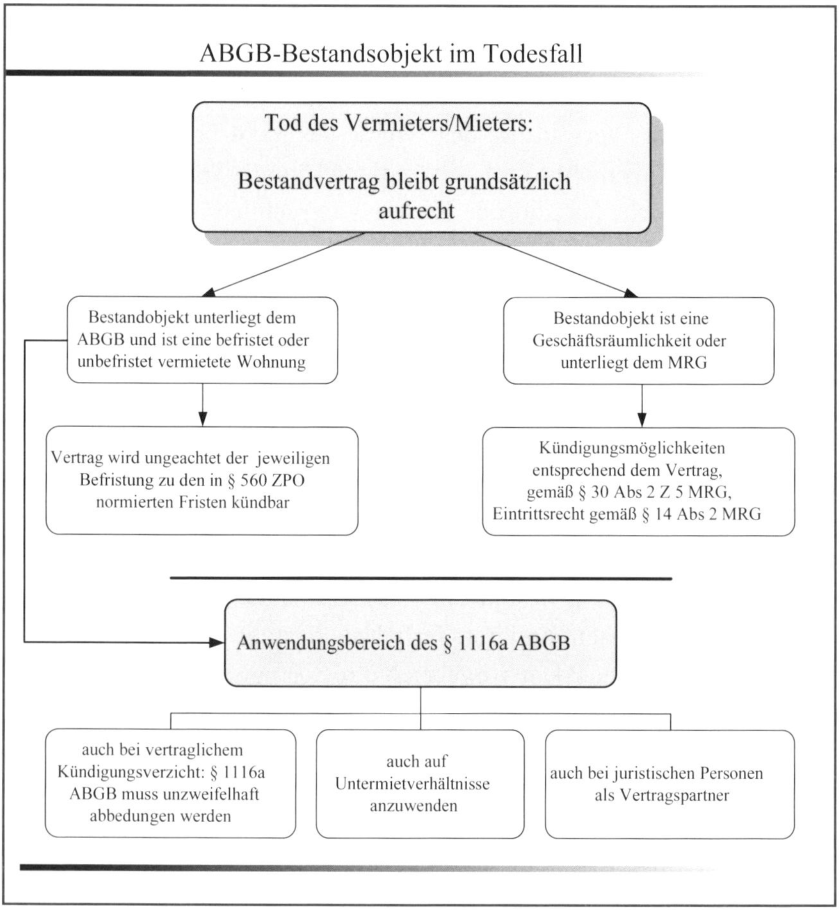

c) Kündigungsfrist

Im Bereich der Wohnungsmieten normiert § 1116a ABGB eine unter Umständen von der vertraglichen Vereinbarung abweichende Kündigungsfrist. Nach dem Wortlaut des § 1116a Satz 2 ABGB wird nur auf die gesetzliche Kündigungsfrist abgestellt, wobei es ohne Belang bleibt, ob die vertraglich vereinbarte Frist länger oder kürzer als die gesetzliche ist. Die gesetzlichen Kündigungsfristen richten sich nach § 560 ZPO. Danach gilt für Wohnungen oder Wohnungsteile, dass die Kündigung bei monatlicher Mietzinszahlungspflicht unter Einhaltung einer einmonatigen Kündigungsfrist, ist der Mietzins jedoch in längeren Abständen zu bezahlen, unter Einhaltung einer dreimonatigen Kündigungsfrist ausgesprochen werden kann.[58]

d) Bestandverhältnisse mit juristischen Personen (Gesellschaften)

Grundsätzlich gilt bei derartigen Bestandsverhältnissen, ungeachtet deren Auflösung, dass ein mit einer Gesellschaft geschlossener Mietvertrag nicht automatisch erlischt. Vielmehr soll nach dem Gesetz die Gesellschaft erst dann gelöscht und beendet werden, wenn auch alle Rechtsverhältnisse abgewickelt sind. Nach Auflösung der Gesellschaft geht diese in eine Gesellschaft bürgerlichen Rechts über. Die Auflösung der Gemeinschaft am Bestandverhältnis könnte vielmehr nur durch Beendigung des Bestandverhältnisses selbst erfolgen. Daraus folgt, dass sie bei einem auf bestimmte Zeit geschlossenen Bestandvertrag während seiner Dauer ohne Zustimmung des Bestandgebers nicht möglich ist.

10. Abgrenzung zu anderen Vertragsarten

a) Leihe

Gemäß § 971 ABGB versteht man unter der Leihe die unentgeltliche Gebrauchsüberlassung an unverbrauchbaren Sachen auf bestimmte Zeit. Da die Leihe ein Realvertrag ist, kommt der Leihvertrag erst mit der tatsächlichen Übergabe des Leihgegenstandes in die Gewahrsame des Entlehners zustande. Weiters handelt es sich bei der Leihe um ein Dauerschuldverhältnis, weshalb die Beendigung durch eine außerordentliche Kündigung bei Vorliegen eines wichtigen Grundes möglich ist. Ist ein derartiger wichtiger Grund nicht gegeben, darf der Verleiher die Rückgabe des Gegenstandes nicht vor Ablauf der vereinbarten Dauer der Leihe zurückverlangen.

---

[58] 4 Ob 502/92

Davon unterscheidet sich das sogenannte Prekarium (Bittleihe) als Sonderform der Leihe, bei der sich der Verleiher das Recht vorbehalten hat, den Leihgegenstand jederzeit zurückzufordern.

b) Leasing

Der Leasingvertrag ist im Gesetz nicht ausdrücklich geregelt, er enthält Elemente von Miete und Kauf. Bei Leasingverträgen handelt es sich um eine Finanzierungs- oder Investitionsform, um das für einen Eigentumserwerb oder für die Nutzung einer Sache erforderliche Kapital nicht selbst zur Gänze aufbringen zu müssen. Mit diesen Verträgen werden daher Gebrauch und Nutzen an Konsum- oder Investitionsgütern, wie beispielsweise an Kraftfahrzeugen, aber auch an Liegenschaften gegen Zahlung von Leasingraten überlassen.

c) Time-sharing

Time-sharing ist dadurch gekennzeichnet, dass ein ausschließliches Nutzungsrecht an einer (Ferien)Wohnung oder an einem zu Wohn- oder Beherbergungszwecken dienenden Gebäude oder einem Teil desselben (Nutzungsobjekt) für einen bestimmten wiederkehrenden Zeitraum eingeräumt wird.

d) Verwahrungsvertrag

Gemäß § 957 ABGB entsteht ein Verwahrungsvertrag, wenn jemand eine fremde Sache in seine Obhut übernimmt, es trifft ihn daher die Verpflichtung, die Sache vor Schaden zu bewahren. Auch der Verwahrungsvertrag ist ein Realvertrag, der die tatsächliche Übergabe der Sache voraussetzt. Im Bereich des Bestandrechtes ist der sogenannte Garagierungsvertrag in der Praxis häufig anzutreffen. Dieser unterliegt grundsätzlich den Normen des Bestandrechts, weist aber dennoch durch die Verpflichtung, Sicherheitsvorkehrungen zu treffen, Elemente des Verwahrungsvertrages auf.

e) Safevertrag

Der Safevertrag ist ein Mietvertrag mit Elementen von Verwahrungs- und Dienstvertrag. Beim typischen Safevertrag wird dem Kunden von einem Kreditinstitut ein Schrankfach zur Unterbringung von Wertpapieren, Wertgegenständen oder Urkunden überlassen, wobei das Kreditinstitut nur für die sichere Unterbringung durch entsprechende Überwachung des Safes zu sorgen hat, aber nicht zu einer Obsorge für die im Schrankfach verwahrten Gegenstände verpflichtet ist.

f) Gastaufnahmevertrag

Der Gastaufnahmevertrag (Beherbergungs-, Hotel- oder Pensionsaufnahmevertrag) enthält Elemente des Mietvertrages, weist aber als ein aus Miet-, Dienst-, Werk- und kaufvertraglichen Elementen gemischter Vertrag ein eigenes Gepräge auf und kann nach der Rechtsprechung einem reinen Mietvertrag nicht gleichgehalten werden.

g) Familienrechtliche Wohnverhältnisse

In der Regel beruhen derartige Wohnverhältnisse nicht auf einer vertraglichen Vereinbarung, sondern haben ihre Wurzel in familienrechtlichen Grundlagen wie beispielsweise die Verpflichtung von Ehegatten zur Führung eines gemeinsamen Haushaltes oder die Unterhaltspflicht der Eltern gegenüber den leiblichen Kindern. Fällt ein derartiger familienrechtlicher Anspruch etwa durch Eintritt der Selbsterhaltungsfähigkeit in Folge weg, kann der über die Wohnung oder das Haus Verfügungsberechtigte das Wohnverhältnis jederzeit beenden.

h) Dienstbarkeit der Wohnung

Die Dienstbarkeit der Wohnung im Sinne des § 521 ABGB umfasst das Recht, die bewohnbaren Teile eines Hauses für seine Bedürfnisse zu benützen. Die Dienstbarkeit der Wohnung wird im Zweifel als höchstpersönliches, also für die Lebensdauer des Berechtigten wirksames Recht angesehen. Allerdings ist auch eine zeitliche Befristung dieses Rechtes möglich. Das Wohnrecht kann entgeltlich sein, durch die vorgenommenen Zahlungen des Wohnberechtigten wird dieses Wohnverhältnis aber nicht zur Miete.

Ist das Wohnrecht im Grundbuch eingetragen, wirkt es als dingliches Recht gegenüber jedermann. Ist das Wohnrecht jedoch nicht verbüchert, kann der nur vertraglich Berechtigte seinen Anspruch auch nur gegenüber dem Wohnrechtseinräumenden geltend machen. Innerhalb des Wohnrechtes kann eine Differenzierung nach dem Wohnungsgebrauchsrecht und dem Wohnungsfruchtnießungsrecht vorgenommen werden. Das Wohnungsgebrauchsrecht ist das Recht, Teile des Hauses für seine eigenen Bedürfnisse zu nützen, während die Wohnungsfruchtnießung das Recht beinhaltet, die überlassenen Teile des Hauses, allenfalls auch einen Hausgarten, mit Schonung der Substanz ohne Einschränkung zu benützen. Es ist also zulässig, dieses Recht in Form von Vermietung oder Verpachtung Dritten einzuräumen.

i) Pacht

Unter einem Pachtverhältnis wird die entgeltliche Überlassung einer Sache zum Gebrauch verstanden. Im Unterschied zur Miete tritt zum bloßen Gebrauch die Befugnis, die Pachtsache wirtschaftlich zu nutzen und daraus Erlöse zu erzielen. Für die Unterscheidung maßgebend ist der im Zeitpunkt des Vertragsabschlusses vereinbarte Bestandzweck. Eine falsche Bezeichnung des Vertragswerks durch die Parteien ist unbeachtlich, ob ein Pacht- oder Mietvertrag vorliegt, entscheidet sich nach dem Inhalt der Vereinbarung.

XVI. Kapitel Immobilienmakler

Nicht nur beim Erwerb einer Immobilie, sondern auch bei der Vermietung werden die Dienste eines gewerblichen Immobilientreuhänders in Anspruch genommen. Nachfolgend wird das Zustandekommen eines Maklervertrages ebenso behandelt wie die Rechte und Pflichten eines Maklers und des Auftraggebers.

1. Allgemeines

Sehr viele Mietverhältnisse kommen aufgrund der Tätigkeit der gewerblichen Immobilientreuhänder (Immobilienverwalter, Immobilienmakler und Bauträger) zustande. Immobilienmakler vermitteln aufgrund eines Maklervertrages zwischen ihm und seinem Auftraggeber gewerbsmäßig Geschäfte über unbewegliche Sachen. Mit Inanspruchnahme dieser Dienstleistung entstehen beiderseitige Rechte und Pflichten. Der Gesetzgeber war bemüht, rechtliche Rahmenbedingungen für derartige Vertragsverhältnisse zu schaffen.

Die Bestimmungen des Maklergesetzes (MaklerG) finden auf Immobilienmakler Anwendung, die ständig von einem Auftraggeber mit der Vermittlung betraut sind, aber auch auf jene, die nur gelegentlich entgeltlich tätig werden. Im Konsumentenschutzgesetz (KSchG) finden sich ebenfalls Schutznormen zugunsten des Auftraggebers eines Immobilienmaklers, wobei allerdings nur Verbraucher geschützt werden (siehe dazu unten).

2. Maklervertrag

a) Inhalt des Vertrages

Der Maklervertrag ist die privatrechtliche Vereinbarung, für einen Auftraggeber Geschäfte mit einem Dritten zu vermitteln. Mangels anderer Vereinbarung ist der Makler nicht verpflichtet, sich um die Vermittlung zu bemühen, im Gegenzug trifft den Auftraggeber idR auch keine Verpflichtung, das angebahnte Geschäft zu schließen. Maklerverträge sind üblicherweise entgeltliche Verträge.

b) Zustandekommen des Vertrages

Grundsätzlich bestehen bei Abschluss eines Maklervertrags keine besonderen Formvorschriften, der Vertrag kommt durch zwei übereinstimmende Willenserklärungen zustande. Die Willenseinigung kann ausdrücklich in Form einer mündlichen oder schriftlichen Vereinbarung erfolgen. Ebenso ist der schlüssige Abschluss eines Maklervertrags denkbar: Bleibt für den Erklärungsempfänger mit Überlegung aller Umstände kein vernünftiger Grund, am Willen des Erklärenden zu zweifeln, führt auch schlüssiges Verhalten zum Vertragsschluss.

c) Alleinvermittlungsauftrag

Der Alleinvermittlungsauftrag ist eine Sonderform des Maklervertrages. Der Makler verpflichtet sich, für den Auftraggeber tätig zu werden und sich nach Kräften um die Vermittlung zu bemühen. Im Gegenzug verzichtet der Auftraggeber darauf, auch andere Makler mit der Geschäftsvermittlung zu betrauen.

Ein Alleinvermittlungsauftrag kann nur befristet auf angemessene Dauer abgeschlossen werden, um eine zu lange Bindung an einen (erfolglosen) Makler zu vermeiden. Für Verbraucher wird der Begriff „angemessene Dauer" in § 30c Konsumentenschutzgesetz konkretisiert. Bei der Vermittlung von Bestandverträgen über Wohnungen ist eine höchstens dreimonatige Bindung an einen Alleinvermittlungsauftrag als noch angemessen anzusehen. Handelt es sich um die Vermittlung von Verträgen zur Veräußerung oder zum Erwerb des Eigentums an Wohnungen, Einfamilienwohnhäusern oder Grundstücken, die zum Bau eines Einfamilienwohnhauses geeignet sind, darf die Dauer der Bindung sechs Monate nicht überschreiten. Liegen besondere Umstände vor, die die Vermittlung wesentlich erschweren oder verzögern, ist die Vereinbarung einer längeren Frist möglich.

Zu den zulässigen Vereinbarungen für Fälle fehlenden Vermittlungserfolgs bei Alleinvermittlungsaufträgen vgl Punkt 5.c.

d) Schutzvorschriften im KSchG

Wie schon ausgeführt, kann ein Maklervertrag grundsätzlich auch ohne Einhaltung einer bestimmten Form zustande kommen. In § 31 Konsumentenschutzgesetz wird für Verbrauchergeschäfte jedoch Schriftlichkeit als Erfordernis der Rechtswirksamkeit für bestimmte Vereinbarungen normiert. Dazu zählen:

- Vereinbarungen des Ersatzes von Aufwendungen aufgrund zusätzlicher Aufträge
- Abschluss und Verlängerung von Alleinvermittlungsaufträgen
- besondere Provisionsvereinbarungen für Fälle fehlenden Vermittlungserfolgs

Dem Verbraucher steht auch bei Immobilienmaklerverträgen das Rücktrittsrecht gemäß § 3 KSchG zu: Wurde weder die Vertragserklärung in den Geschäftsräumen des Immobilienmaklers abgegeben, noch die Geschäftsverbindung zur Schließung des Vertrages mit dem Immobilienmakler vom Auftraggeber selbst angebahnt, kann innerhalb einer Woche nach Ausfertigung einer Belehrung über das Rücktrittsrecht der Rücktritt vom Vertrag erklärt werden. Diese Regelung dient dem Schutz vor Überrumpelung: Verbraucher sollen nicht an untypischen Orten (außerhalb der Geschäftsräume wie beispielsweise auf offener Straße oder in der eigenen Wohnung) zum übereilten Abschluss von Rechtsgeschäften gedrängt werden.

e) Beendigung von Maklerverträgen

Maklerverträge können grundsätzlich befristet oder unbefristet abgeschlossen werden. Befristete Vertragsverhältnisse enden bei unbedingtem Endtermin mit dem Ablauf der Zeit, für die sie eingegangen wurden, ohne dass es einer besonderen Aufkündigung bedarf. Liegen wichtige Gründe vor, können befristete Maklerverträge ohne Einhaltung einer Frist vorzeitig aufgelöst werden. Als wichtige Gründe werden jene Umstände gewertet, die die Fortsetzung des Maklervertrags unzumutbar machen, so zum Beispiel der eingetretene Vertrauensverlust des Auftraggebers in den Makler aufgrund dessen Unzuverlässigkeit.

Ein unbefristeter Maklervertrag kann von jeder Vertragspartei jederzeit und ohne Setzung einer Frist gekündigt werden, die Geltendmachung eines wichtigen Grundes für die Beendigung des Vertragsverhältnisses ist nicht erforderlich. Selbstverständlich ist eine einvernehmliche Auflösung des Vertrags sowohl beim befristeten wie auch beim unbefristeten Maklervertrag jederzeit möglich.

3. Pflichten des Maklers

a) Allgemeines

Ohne besondere Vereinbarung einer Tätigkeitspflicht, wie sie typischerweise nur beim Alleinvermittlungsauftrag vorliegt, besteht seitens des Makler keine Verpflichtung zur Erbringung einer Vermittlungstätigkeit.

b) Interessenwahrungspflicht

Der Makler hat die Interessen des Auftraggebers redlich und sorgfältig wahrzunehmen. Im Falle einer Doppeltätigkeit hat der Makler die Interessen beider Auftraggeber zu berücksichtigen und muss unparteiisch agieren. So hat der Makler bei Tätigwerden für beide Parteien beispielsweise die Pflicht, Wohnungsinteressenten über etwaige Mängel des Mietobjekts aufzuklären. Zur Interessenswahrungspflicht gehört also auch die Aufklärung des Auftraggebers hinsichtlich der wesentlichen Fakten der Sach- und Rechtslage.

c) Besondere Aufklärungspflichten

Neben der allgemeinen Interessenwahrungspflicht bestehen weitergehende Aufklärungspflichten des Maklers.

Im Regelfall wird der Immobilienmakler als Doppelmakler für Wohnungssuchende und Vermieter gleichzeitig tätig, und ist beiden im selben Maße verpflichtet. Wird der Immobilienmakler nur für eine Seite tätig, besteht gemäß § 17 MaklerG die Pflicht des Maklers, den Dritten über diese Tatsache zu informieren. Auch über ein wirtschaftliches Nahverhältnis des Maklers zu einem vermittelten Dritten muss der Auftraggeber, bei sonstigem Verlust des Provisionsanspruches, informiert werden.

In § 30 b KSchG werden vorvertragliche Schutz- und Sorgfaltspflichten zugunsten von Verbrauchern normiert. Handelt es sich beim Auftraggeber um einen Konsumenten, ist der Makler noch vor Abschluss des Maklervertrages verpflichtet, eine schriftliche Übersicht über all jene Nebenkosten dem Konsumenten zu übergeben, die typischerweise anlässlich des Abschlusses des zu vermittelnden Geschäftes anfallen werden. Die Vermittlungsprovision ist gesondert auszuweisen, weiters hat der Immobilienmakler darauf hinzuweisen, dass er als Makler und nicht als Privatperson tätig wird. Ein allfälliges wirtschaftliches oder familiäres Nahverhältnis des Maklers zum Dritten ist offenzulegen, ebenso ist darauf hinzuweisen, dass der Immobilienmakler in der Regel mangels gegenteiliger Vereinbarung auch ohne ausdrückliche Einwilligung für beide Auftraggeber tätig wird.

d) Folgen der Pflichtverletzung

Hat der Makler eine der oben genannten Pflichten gegenüber dem Auftraggeber verletzt, bestehen grundsätzlich Schadenersatzansprüche. Soweit dem Makler Provisionsansprüche zustehen, kann der Auftraggeber wegen Verletzung wesentlicher Pflichten auch eine Mäßigung der Provision verlangen. Das Ausmaß der Mäßigung richtet sich nach der durch den Pflichtverstoß bedingten geringeren Verdienstlichkeit des Maklers.

4. Pflichten des Auftraggebers

a) Die Pflichten im Einzelnen

Der Auftraggeber hat bei erfolgreicher Geschäftsvermittlung durch den Makler an diesen eine Provision zu bezahlen, auch wenn dies nicht ausdrücklich vereinbart wurde. Der Makler ist bei der Vermittlungstätigkeit redlich zu unterstützen, so muss der Auftraggeber beispielsweise auch bereit sein, mit möglichen Geschäftspartnern in Kontakt zu treten. Informationen wie zB Adressen, die der Makler im Zuge seiner Geschäftsvermittlungstätigkeit an den Auftraggeber weitergibt, sind vertraulich zu behandeln und dürfen von diesem nicht weitergegeben werden.

Den Auftraggeber trifft ebenso wie den Makler eine umfassende Informationspflicht. So hat er den Makler davon in Kenntnis zu setzen, wenn er das Objekt zB nicht mehr vermieten oder verkaufen will oder wenn er bereits ein von einem anderen Makler (zulässigerweise) vermitteltes Geschäft abgeschlossen hat.

b) Folgen der Pflichtverletzung

Grundsätzlich steht auch dem Makler das Recht zu, bei Pflichtverletzungen durch den Auftraggeber Schadenersatz zu verlangen. Der Nachweis eines entstandenen Schadens – insbesondere bei verdeckten Geschäften – wird nicht immer leicht sein, aus diesem Grund wird in Maklerverträgen oftmals eine Konventionalstrafe für den Fall eines Pflichtverstoßes vereinbart.

5. Maklerprovision

a) Voraussetzungen des Provisionsanspruchs

Der Makler hat dann Anspruch auf eine Provision, wenn das zu vermittelnde Geschäft mit dem Dritten durch seine vertragsgemäße verdienstliche Tätigkeit zustande gekommen ist. Voraussetzung für das Entstehen des Provisionsanspruchs ist also, dass ein Maklervertrag abgeschlossen wurde, der Makler aufgrund dieser Vereinbarung eine verdienstliche Tätigkeit erbracht hat und dass zwischen Auftraggeber und Drittem das zu vermittelnde Geschäft rechtswirksam zustande kommt.

Besondere Bedeutung kommt in diesem Zusammenhang dem Begriff der Verdienstlichkeit zu. Nach der Rechtsprechung liegt eine verdienstliche Tätigkeit dann vor, wenn sie den Anforderungen des Vermittlungsvertrags entspricht und ihrer Art nach geeignet ist, für den Geschäftsherrn Vertragspartner zu finden bzw diese zum Vertragsabschluss zu bewegen. Besonders zu beachten ist in diesem Zusammenhang, dass im Immobilienmaklergewerbe bereits die Namhaftmachung des Geschäftspartners für die Entstehung des Provisionsanspruchs ausreicht. Unter „Namhaftmachung“ ist die erstmalige Nennung eines bisher unbekannten Interessenten für den Vertragsabschluss zu verstehen. Dazu bedarf es der Nennung einer Person, mit der ein Vertragsschluss der gewünschten Art mit hinreichend begründeter, positiver Erfolgsaussicht versucht werden kann.

b) Höhe der Provision

Grundsätzlich kann die Höhe der Provision von den Parteien frei vereinbart werden. Mangels vertraglicher Vereinbarung gebührt dem Makler eine Provision in ortsüblicher Höhe. Lässt sich eine solche nicht oder nur mit unverhältnismäßigen Schwierigkeiten feststellen, so muss eine angemessene Provision geleistet werden. Hinsichtlich der Tätigkeit eines Immobilienmaklers legt die Immobilienmaklerverordnung Höchstbeträge der zu zahlenden Provisionen je nach Art des Geschäftes fest. Zur Zeit gelten folgende Höchstbeträge[59]:

Bestandverträge über Geschäftsräumlichkeiten

- unbefristet oder auf mehr als drei Jahre geschlossen → höchstens den dreifachen monatlichen Bruttomietzins
- auf mindestens zwei, jedoch nicht mehr als drei Jahre befristet → höchstens den zweifachen monatlichen Bruttomietzins
- auf weniger als zwei Jahre befristet → höchstens den einfachen monatlichen Bruttomietzins

Bestandverträge über Wohnungen und Einfamilienhäuser

- unbefristet oder auf mehr als drei Jahre gechlossener Haupt- oder Untermietvertrag → höchstens den zweifachen monatlichen Bruttomietzins
- auf nicht mehr als drei Jahre befristet → höchsten den einfachen monatlichen Bruttomietzins

Kauf- und Tauschgeschäfte über Immobilien

- bei einem Wert bis 36.336,42 Euro → 4%
- bei einem Wert über 36.336,42 Euro → 3%

c) Provisionspflicht bei fehlendem Vermittlungserfolg

Grundsätzlich besteht keine Pflicht zur Leistung einer Provision, wenn dem Makler kein Vermittlungserfolg zugerechnet werden kann. Verein-

[59] Vgl. zu den Details BGBl II 268/2010.

barungen, wonach trotz fehlenden Vermittlungserfolgs eine Provision bezahlt werden soll, können nur in sehr engen Grenzen, nämlich nur bei Vorliegen einer der im Gesetz genannten Fälle, getroffen werden.

Dies ist der Fall, wenn:

- der Auftraggeber das im Maklervertrag bezeichnete Geschäft wieder Treu und Glauben entgegen dem bisherigen Verhandlungsverlauf ohne beachtenswerten Grund nicht abschließt.
- das Geschäft nicht mit dem Auftraggeber bzw mit dem vermittelten Dritten zustande kommt, sondern mit einer anderen Person, an die die Information weitergegeben wurde.
- das Geschäft nicht mit einem vermittelten Dritten zustande kommt, weil ein Vorkaufs-, Wiederkaufs-, oder Eintrittsrecht ausgeübt wird.
- mit dem vom Makler vermittelten Dritten zwar nicht das vertragsgemäß zu vermittelnde Geschäft, wohl aber aufgrund der Tätigkeit des Maklers ein diesem nach seinem Zweck wirtschaftlich gleichwertiges Geschäft zustande kommt.

Zweckgleichwertigkeit liegt vor, wenn das Geschäft für den Auftraggeber annähernd die gleiche wirtschaftliche Bedeutung hat wie das ursprünglich zu vermittelnde Geschäft. So etwa, wenn ein anderes als das im Vermittlungsauftrag genannte Rechtsgeschäft (zB Miete statt Kauf) oder das im Vermittlungsauftrag genannte Geschäft, über eine andere als die vertragsgegenständliche Liegenschaft geschlossen wird.

Im Geltungsbereich des KSchG ist die Einhaltung der Schriftform Voraussetzung für die Rechtswirksamkeit der Vereinbarung.

Trotz Nichtzustandekommens eines Vermittlungserfolgs kann eine Vereinbarung getroffen werden, wonach dem Immobilienmakler dennoch als Entschädigung oder Ersatz für seine Aufwendungen und Mühewaltung ein mit der Höhe der sonst zustehenden Provision begrenzter Betrag zu leisten ist. Liegt ein Alleinvermittlungsauftrag vor, kann zusätzlich zu den oben dargestellten Voraussetzungen eine solche Vereinbarung geschlossen werden, wenn:

- die erfolgreiche Geschäftsvermittlung durch den Auftraggeber vereitelt wird, indem er einen Alleinvermittlungsauftrag vor Ablauf der vereinbarten Dauer ohne wichtigen Grund auflöst.
- das Geschäft während der Dauer des Alleinvermittlungsauftrags vertragswidrig durch die Vermittlung eines anderen vom Auftraggeber beauftragten Maklers zustande gekommen ist.

Oftmals wird schon im Alleinvermittlungsauftrag für den Fall einer Vereitlung der Vermittlung durch den Auftraggeber vorgesorgt. Vertraglich kann einen Art Konventionalstrafe bis zur Höhe des Provisionsanspruches vereinbart werden, wenn während der Dauer des Alleinvermittlungsauftrags der Hauptvertragsabschluss mit einem anderen Makler getätigt wird. Wird eine Konventionalstrafe schlagend, unterliegt diese dem richterlichen Mäßigungsrecht.

Beachte: Bemüht sich der Makler nicht um die Vermittlung, hat der Auftraggeber das Recht, den Alleinvermittlungsauftrag vorzeitig zu widerrufen. Eine Konventionalstrafe ist in solchen Fällen nicht zu bezahlen.

d) Eigengeschäft

Wird der Makler bei dem zu vermittelnden Geschäft selbst Vertragspartner des Auftraggebers, oder kommt das mit einem Dritten geschlossene Geschäft wirtschaftlich einem Abschluss durch den Makler selbst gleich, so hat er keinen Provisionsanspruch. Einem solchen Eigengeschäft sind Fälle gleichzuhalten, bei denen zwischen dem Vertragspartner des Auftraggebers und dem Makler ein „sonstiges familiäres oder wirtschaftliches Nahverhältnis, das die Wahrung der Interessen des Auftraggebers beeinträchtigen könnte", besteht. Der Makler kann sich seinen Provisionsanspruch in solchen Fällen dadurch bewahren, dass er den Auftraggeber unverzüglich auf dieses Nahverhältnis hinweist.

e) Provisionsansprüche mehrerer Makler

Es ist zulässig und in Hinblick auf einen besseren Vermittlungserfolg manchmal sogar ratsam, mehrere Makler mit der Vermittlung des zu vermietenden Objekts zu beauftragen. Haben aufgrund ihrer Verdienstlichkeit mehrere Immobilienmakler Anspruch auf eine Provision, so schuldet der Auftraggeber die Provision trotzdem nur einmal. Die gesamte Provision steht demjenigen Makler zu, dessen Verdienstlichkeit eindeutig überwogen hat. Kann eine solche überwiegende Verdienstlichkeit nicht festgestellt werden, ist die Provision nach Maßgabe der Verdienstlichkeit aufzuteilen, im Zweifel zu gleichen Teilen.

6. Rücktrittsrechte

a) Allgemeines

Wird ein Immobiliengeschäft durch einen Makler vermittelt, gibt es besondere Rücktrittsrechte, die es dem potentiellen Mieter ermöglichen, nachträglich die Aufhebung des Vertrags zu erwirken. Die Rücktrittsmöglichkeiten des KSchG können nur von Verbrauchern geltend gemacht werden.

b) Rücktrittsmöglichkeiten im Einzelnen

Gemäß § 30a KSchG kann ein Verbraucher vom Immobiliengeschäft binnen einer Woche dann zurücktreten, wenn die Miet- oder Kaufzusage am Tag der erstmaligen Besichtigung abgegeben wurde und es sich um ein Objekt handelt, durch das ein dringendes Wohnbedürfnis des Verbrauchers oder eines nahen Angehörigen gedeckt werden soll. Der Verbraucher muss von diesem Rücktrittsrecht schriftlich belehrt werden. Unterbleibt die schriftliche Belehrung, besteht das Rücktrittsrecht über die einwöchige Frist hinaus bis zu einem Monat nach dem Tag der ersten Besichtigung.

Durch § 3a KSchG wird dem Verbraucher ein Rücktrittsrecht für den Fall eingeräumt, dass bestimmte Vorstellungen, die ein Unternehmer im Zuge von Vertragsverhandlungen geweckt hat, sich im Nachhinein als unzutreffend herausstellen. Wenn der Immobilienmakler beispielsweise in Aussicht stellt, dass eine Wohnbauförderung gewährt wird, diese später jedoch überhaupt nicht oder nur in erheblich geringerem Ausmaß zugebilligt wird, steht dem Verbraucher ein Rücktrittsrecht vom Vertrag zu. Die Rücktrittsfrist beträgt eine Woche ab Erkennbarkeit des Nichteintritts der Umstände für den Verbraucher.

Anhang

Mietrechtliche Literatur[60]

Buric/Graser/In der Maur/ Walter/Vyhnalek, Wohnrecht. Muster zu Eigentum, Miete, Liegenschaft und Grundbuch. Gesetze, Fristen, Checklisten, Steuern und Indices. CD, Version 1.1 Stand: November 2004 – WEKA-Verlag

Dirnbacher, Das Mietrechtsgesetz idF der Wohnrechtsnovelle 2009 – Verlag ÖVI Immobilienakademie

Feil, Bestandvertrag 4. Auflage 2000 – Linde Verlag

Funk/Kohlmaier/Kothbauer/ Volk, Immobilien Lexikon Österreich 2003 – Verlag ÖVI Immobilienakademie

Gartner, Vermieter-Fibel 2010, inkl CD-Rom – Linde Verlag

Hausmann/Vonkilch, Österreichisches Wohnrecht Kommentar zum MRG und WEG. Loseblattsammlung (3. Erg.Lieferung 2007) – Springer Verlag

Kuprian/Prader, Der Mietvertrag. Handbuch für Vertragsverfasser 2008 – MANZ-Verlag

Lederer/In der Maur, Handbuch Mietrecht. Loseblattsammlung Stand März 2010 – WEKA-Verlag

60 Nachstehende Literaturliste ist bei Weitem nicht vollständig, sondern es soll mit ihrer Hilfe dem am Mietrecht Interessierten ermöglicht werden, weiterführende Literatur und Quellen zu erschließen. Ebenfalls ist mit dieser Literaturauswahl keine wie immer geartete Wertung verbunden.

Stork, Rechtsberater für Mieter 2006 – Linde Verlag
Ostermayer, Mietrecht. Kommentar zum MRG. 5. Auflage 2002 – Verlag Österreich
Ostermayer, Mietrechtsgesetz idF der WRN 2006. Wien 2006 – Verlag Österreich
Palten, Betriebskosten im Mietrecht. 2. Auflage 2000 – MANZ-Verlag
Pittl, Grundzüge des Miet- und Wohnungseigentumsrechts. 2007 – Neuer wissenschaftlicher Verlag
Prader, Mietrechtsgesetz. MRG und ABGB-Mietrecht. 3. Auflage 2009 – MANZ-Verlag
Prader/Kuprian, Wohnrechtliches Außerstreitverfahren 2004 – MANZ-Verlag
Rainer (Hrsg), Handbuch des Miet- und Wohnrechts. Loseblattsammlung (16. Erg.Lieferung 2009) MANZ-Verlag
Reiber/Liehl, Die Kündigung im Mietrecht 2001 – MANZ-Verlag
Stabentheiner, Mietrecht 3. Auflage 2010 – MANZ-Verlag
Würth/Zingher/Kovany, Miet- und Wohnrecht. 22. Auflage, Band 1, Wien 2009 – MANZ-Verlag

vertiefende Literatur zu Einzelfragen

Abkürzungsverzeichnis der Fachzeitschriften:

AnwB	Österreichisches Anwaltsblatt, Manz Verlag
immolex	Fachzeitschrift für Miet- und Wohnrecht, Manz Verlag
ImmZ	Österreichische Immobilien-Zeitung, Fishmedia Verlag
wobl	Wohnrechtliche Blätter, Springer-Verlag
ZAK	Zivilrecht aktuell, LexisNexis

zu Kapitel I

Böhm, MRG-Geltungsbereich nach der WRN 2006, immolex 2007, 38
Jud, Bestandverträge in Einkaufszentren, wobl 2005, 121
Reiber, Die Abgrenzung zwischen Wohnung und Geschäftsräumlichkeit im Mietrecht, immolex 2000, 170

zu Kapitel II

Böhm, Wohnungsmietvertrag im Teilanwendungsbereich des MRG (mit und ohne KSchG), immolex 2008, 102

Böhm, Mietvertrag über eine Eigentumswohnung, immolex 2006, 236

Böhm, ABGB-Mietvertrag, immolex 2004, 299

Kuprian, Hauptmietvertrag über Wohnung im Vollanwendungsbereich des MRG, immolex 2004, 332

zu Kapitel V

Böhm, Literaturübersicht zu den Klauselentscheidungen und zur aktuellen Diskussion über Erhaltung/Instandhaltung im Mietrecht, immolex 2009, 214

Kohlmaier, Die Erhaltungspflicht gem § 3 MRG und Elektroanlage, immolex 2008, 173

Kothbauer, Die mietrechtlichen Erhaltungspflichten im Lichte der neuesten Rsp, ImmZ 2007, 237

zu Kapitel VI

Prader/Ortner, Zu den Problemen bei Vermietung von Wohnungen als WG, immolex 2004, 132

Rainer, Schein- und Umgehungsgeschäfte im Liegenschafts- und Bestandrecht, immolex 2006, 65

zu Kapitel XI

Prader, Kaminkehrerkosten – Betriebs- oder Heizkosten?, immolex 2005, 234

zu Kapitel XII

Böhm, Das neue Befristungsrecht (mit Fallbeispielen zur Übergangsproblematik), immolex 2000, 243

Kuprian/Prader, Zeitmietverträge und Kündigung nach der WRN 2006, immolex 2006, 307

Lindinger, Fristentabelle, immolex 2006, 326

zu Kapitel XIII

Mahrer, Zum Kostenersatz bei Mietzins- und Räumungsklagen, AnwB 2003, 593

Pittl/Ess, Zur Zulässigkeit eines Räumungsbegehrens beim Immobilienleasing, wobl 2005, 185

Reiber, Unleidliches Verhalten als Kündigungsgrund, immolex 2008, 294

zu Kapitel XIV

Domej, Das wohnrechtliche Außerstreitverfahren nach der Außerstreitreform, wobl 2004, 327

Lindinger, Mutwillige Prozessführung im Schlichtungsstellenverfahren – Prozesskostenersatz im Außerstreitverfahren, immolex 2003, 105

Lindinger, Prozessspiegel – Einstweiliger Mietzins, immolex 2007, 139

Vonkilch, Der einstweilige Mietzins, immolex 2004, 228

zu Kapitel XV

Assem, Recht auf die Antenne?, ImmZ 2003, 21

Markl/Pittl, Mängelbehebungspflicht und Mietzinsminderung bei (mit) Verschulden des Mieters, immolex 1998, 46

Pittl, Unternehmenspacht im Einkaufszentrum: Ansprüche des Bestandnehmers bei mangelnder Kundenfrequenz, immolex 2001, 268

zu Kapitel XVI

Kothbauer, Informationspflicht des WE-Verwalters gegenüber dem Makler; immolex 2009, 160

Kothbauer, Zum Provisionsanspruch des Immobilienmaklers im Bieterverfahren; immolex 2009, 356

Glossar

Ablöse, erlaubte: Ersatz der Investitionen, die der Altmieter tatsächlich getätigt hat. Die Ablösezahlung ist nur zulässig, wenn ihr eine gleichwertige Gegenleistung gegenübersteht. Darunter fallen beispielsweise der Ersatz der tatsächlichen Übersiedlungskosten oder der Rückersatz des Aufwandes, den der Vermieter dem bisherigen Mieter nach § 10 MRG zu ersetzen hat.

Ablöse, verbotene: Liegt bei einer Einmalzahlung des neuen Mieters bei Abschluss des Mietvertrags für die Aufgabe des Mietgegenstandes oder einer Zahlung ohne gleichwertige Gegenleistung vor. Die Ablösezahlung kann an den Vormieter, den Vermieter oder einen Dritten erfolgen. Im Vollanwendungsbereich des MRG ist die Vereinbarung einer solchen Ablöse unzulässig (§ 27 Abs 1 MRG). Verbotene Ablösen können unabhängig davon, an wen sie geleistet wurden, zurückgefordert werden.

Abnützung, gewöhnliche: Die gewöhnliche Abnützung des Mietgegenstandes ist bereits durch den Mietzins abgegolten, es besteht daher keine weitere Ersatzpflicht des Mieters.

Abtretung des Mietrechts: Der Hauptmieter kann bei Vorliegen bestimmter Voraussetzungen im Vollanwendungsbereich des MRG sein Mietrecht an einen klar abgegrenzten Personenkreis abtreten (§ 12 MRG).

Allgemeine Teile des Hauses: Darunter werden die Teile einer Liegenschaft verstanden, die der allgemeinen Benützung dienen oder deren Zweckbestimmung einer ausschließlichen Benützung entgegensteht wie bei Fassaden, Stiegenhaus, Waschraum oder Dachflächen.

Aufteilungsschlüssel: Der Anteil an Betriebskosten, der auf das Bestandobjekt entfällt, bestimmt sich nach dem Anteil dessen Nutzfläche an der Gesamtnutzfläche des Hauses. Davon kann hinsichtlich einzelner Betriebskosten schriftlich abgegangen werden (abweichender Verteilungsschlüssel – § 17 MRG).

Außerstreitverfahren: Ein im Gegensatz zum streitigen Verfahren weniger förmlich und flexibler ausgestaltetes gerichtliches Verfahren. Die Entscheidungen ergehen in Form von Sachbeschlüssen. In § 37 MRG wird festgelegt, welche mietrechtlichen Angelegenheiten im außerstreitigen Verfahren zu behandeln sind.

Ausstattungskategorien: Einteilung von Wohnungen nach ihrer Ausstattungsqualität in die Kategorien A,B, C und D.

Befristung: Legt fest, über welchen Zeitraum ein Mietverhältnis bestehen soll. Die gesetzliche Mindestbefristungsdauer im Voll- und Teilanwendungsbereich des MRG beträgt für Wohnungen grundsätzlich drei Jahre. Wird ein solcher Mietvertrag auf bestimmte Zeit verlängert, ist wiederum eine Mindestverlängerungsdauer von drei Jahren einzuhalten.

Befristungsabschlag: Bei befristeten Mietverträgen, die dem Vollanwendungsbereich des MRG unterliegen, ist vom höchstzulässigen Mietzins ein Befristungsabschlag in Höhe von 25% in Abzug zu bringen.

Betriebskosten: Unter den Betriebskosten eines Gebäudes sind jene Kosten zu verstehen, die im Zusammenhang mit dem Gebrauch und der Benützung des Gebäudes und seiner Anlagen im jeweiligen Zustand entstehen. Für Bestandverträge im Vollanwendungsbereich des MRG wird in den §§ 21–24 MRG festgelegt, welche Kosten vom Vermieter als Betriebskosten geltend gemacht werden können.

Delogierung: Darunter wird die zwangsweise Räumung eines Mietgegenstandes von allen Personen und Fahrnissen, die sich darin befinden, im Zuge der Vornahme einer Räumungsexekution verstanden. Der Räumungsexekution geht idR ein gerichtliches Kündigungsverfahren voran.

Dringendes Wohnbedürfnis: Ein solches liegt iSd MRG nur dann vor, wenn die dringende Notwendigkeit besteht, das Wohnbedürfnis zu decken und dies nicht auf eine andere, rechtlich gleichwertige Weise geschehen kann.

Eigenbedarf: Der Vermieter benötigt die gemieteten Wohnräume für sich selbst oder für Verwandte in absteigender Linie dringend und ihm oder der Person, für die der Mietgegenstand benötigt wird, erwüchse aus der Aufrechterhaltung des Mietvertrags ein unverhältnismäßig größerer Nachteil als dem Mieter aus der Kündigung.

Erhaltungspflicht des Vermieters: Den Bestandgeber trifft im Vollanwendungsbereich des MRG die Pflicht, für die Erhaltung des Hauses im ortsüblichen Zustand Sorge zu tragen. Die Erhaltungspflicht umfasst die Arbeiten an den allgemeinen Teile des Hauses und die zur Aufrechterhaltung von Gemeinschaftsanlagen erforderlichen Arbeiten. Der Vermieter ist zu Erhaltungsarbeiten an einzelnen Mietgegenständen nur insoweit verpflichtet, als ernste Schäden des Hauses (= Bausubstanz des Hauses ist betroffen) behoben werden müssen.

Ersatzbeschaffung: Der Vermieter ist verpflichtet, wenn das Gesetz dies bei Kündigung des Mieters anordnet, dem Mieter ein diesem zumutbares Ersatzmietobjekt (bei Wohnungen mindestens zwei Ersatzobjekte) anzubieten. Nimmt dieser weder einen Ersatzmietgegenstand noch eine Entschädigung an, obwohl das Anbot angemessen bzw zumutbar ist, muss der Mieter zwar den Mietgegenstand räumen, behält aber trotzdem seinen Anspruch auf Erhalt einer angemessenen Entschädigung.

Friedenskronenmietzins: Jahresmietzins, der nach dem zweiten Weltkrieg auf Basis des letzten Friedensmonats vor Ausbruch des ersten Weltkrieges festgelegt wurde. Eine Friedenskrone 1914 entsprach einem Schilling. Der Friedenskronenmietzins galt hinsichtlich bestimmter Wohnungen immerhin bis ins Jahr 1968.

Gemeinschaftsanlagen: Ist eine der gemeinsamen Benützung der Bewohner dienende Anlage des Hauses, wie ein Personenaufzug, eine gemeinsame Wärmeversorgungsanlage oder eine zentrale Waschküche.

Hauptmiete: Ein Hauptmietverhältnis liegt vor, wenn der Mieter den Mietvertrag mit dem Liegenschaftseigentümer, dem Fruchtnießer,

Mieter bzw Pächter der ganzen Liegenschaft oder mit dem Wohnungseigentümer geschlossen hat. Ein Mietvertrag mit einer Person, die selbst nur Mieter ist, begründet lediglich ein Untermietverhältnis.

Hauptmietzins, zulässige Höhe: Ist abhängig davon, ob das Bestandobjekt zur Gänze dem MRG unterliegt oder nicht. Im Vollanwendungsbereich des MRG unterliegt der Mietzins zwingend vorgeschriebenen Mietzinshöhen (§ 16 Abs 2 bis 5 MRG).

Hauptmietzinsabrechnung: Jährliche Abrechnung über die Einnahmen und Ausgaben, die bis spätestens 30. Juni eines jeden Jahres für das vorangegangene Kalenderjahr vom Vermieter vorgelegt werden muss. Die Abrechnung ist an einer geeigneten Stelle im Haus zur Einsicht aufzulegen. Der Mieter hat das Recht, in die Belege Einsicht zu nehmen und auf seine Kosten Kopien und Abschriften anfertigen zu lassen.

Hauptmietzinsreserve: Fiktive Rechnungsgröße, die sich aus der Gegenüberstellung der Einnahmen und Ausgaben eines Abrechnungsjahres ergibt. Ist für die Feststellung der Zulässigkeit einer Erhöhung der Mietzinse nach § 18 MRG von Bedeutung.

Hausordnung: Die Hausordnung regelt die Benützung der Wohnungen, der allgemeinen Teile des Hauses und der gemeinsamen Anlagen. Zweck einer solchen Regelung ist das möglichst reibungslose Zusammenleben der Hausbewohner. Die Hausordnung ist nur bindend, wenn deren Geltung mit dem Mieter individuell vereinbart wurde.

Heizkostenabrechnungsgesetz (HeizKG): Das HeizKG gilt für alle Gebäude mit mehr als vier Nutzungsobjekten, die durch gemeinsame Wärmeversorgungsanlagen mit Wärme versorgt werden. Die Energiekosten, die beim Betrieb der gemeinsamen Wärmeversorgungsanlage anfallen, sollen zum überwiegenden Teil auf Grundlage des tatsächlichen Verbrauchs abgerechnet und auf die einzelnen Wärmeabnehmer aufgeteilt werden. Ziel des Gesetzes ist es, mit dieser Aufteilung einen Anreiz zur sparsameren Energieverwendung zu schaffen.

Investitionsersatz: Hat ein Mieter die Wohnung wesentlich verbessert, indem er Investitionen auf das Mietobjekt getätigt hat, besteht dafür bei Auflösung des Mietverhältnisses im Vollanwendungsbereich des MRG nach Maßgabe des § 10 MRG ein Ersatzanspruch gegenüber dem Vermieter.

Kategoriemietzins: Im MRG sind abgestufte Höchstmietzinse pro qm je nach Ausstattungskategorie normiert, wobei zwischen Wohnungen der Kategorien A, B, C und D zu unterscheiden ist. Die Kategoriemietzinse gelten für Mietverträge, die zwischen 1.1.1982 und 28.2.1994 abgeschlossen wurden.

Kaution: Durch die Hinterlegung einer Kaution wird ein Haftungsfonds für möglicherweise in Zukunft entstehende Forderungen des Vermieters geschaffen. Die Leistung einer Kaution erfolgt entweder in Bargeld („Barkaution"), als Sparbuch oder in Form einer Bankgarantie. Die Höhe der Kaution kann frei vereinbart werden, eine gesetzliche Obergrenze gibt es nicht, allerdings wird in der Rechtsprechung der Standpunkt vertreten, dass eine Kaution grundsätzlich den Betrag von sechs Monatsmieten nicht übersteigen sollte.

Kündigung: Einseitige, empfangsbedürftige Willenserklärung, durch die ein Dauerschuldverhältnis beendet wird. Im Mietrecht wird durch eine Kündigung der Mietvertrag einseitig aufgelöst. Im Unterschied zur vorzeitigen Auflösung aus wichtigem Grund sind bei der Kündigung vereinbarte oder gesetzlich bestimmte Kündigungsfristen und -termine einzuhalten. Im Teil- und Vollanwendungsbereich des MRG ist der Vermieter im Wesentlichen auf die gesetzlich vorgesehenen Kündigungsgründe des § 30 MRG beschränkt.

Kündigungsfrist, -termin: Unter Kündigungsfrist versteht man den Zeitraum zwischen Kündigungszugang und Kündigungstermin, unter Kündigungstermin den Zeitpunkt, zu dem der Mietvertrag enden soll.

Kündigungsverzicht: Erklärung einer bzw beider Vertragsparteien, auf bestimmte oder unbestimmte Zeit auf ihr Kündigungsrecht zu verzichten. Dabei kann eine Beschränkung auf bestimmte Kündigungsgründe vorgenommen werden, oder ein allgemeiner Kündigungsverzicht vereinbart werden.

Mietvertragsabschluss: Grundsätzlich kann ein Mietvertrag mündlich als auch schriftlich gültig zustande kommen. Ein schriftlicher Mietvertrag erlangt mit Unterschrift beider Vertragsparteien Rechtswirksamkeit. Soll ein Mietvertrag mündlich abgeschlossen werden, kommt der Vertrag mit der Erklärung, den Mietgegenstand mieten und vermieten zu wollen, und der Einigung über die Höhe des Mietzinses zustande.

Mietzinsminderung: Ist das Bestandobjekt bei der Übergabe derart mangelhaft oder wird es während der Bestandzeit ohne Schuld des Bestandnehmers derart mangelhaft, dass es zu dem vereinbarten Gebrauche nicht mehr taugt, ist der Mieter berechtigt, den Mietzins zu mindern. Das Ausmaß der Zinsminderung richtet sich nach der Dauer und dem Grad der Unbrauchbarkeit der Gesamtsache.

Mietzinsrückforderung: Entspricht der zu entrichtende Mietzins nicht den gesetzlichen Mietzinsbildungsvorschriften (Vollanwendungsbereich des MRG), können die zu viel bezahlten Mietzinse vom Mieter zurückgefordert werden.

Monatliche Pauschalvorschreibung von Betriebskosten: Vorschreibung von monatlich gleich bleibenden Teilbeträgen (Pauschalbeträge), die aus dem Gesamtbetrag der angefallenen Betriebskosten des vorausgegangenen Kalenderjahrs errechnet werden.

Ordnungsgemäßer Zustand: Dieser liegt dann vor, wenn die Wohnung sofort ohne Vornahme von Arbeiten oder Adaptierungen verwendbar ist.

Pauschalmietzins: Darunter wird ein Mietzins verstanden, bei dem keine Aufschlüsselung der einzelnen Bestandteile des Hauptmietzinses erfolgt. Aufgrund der hohen Steigerungen bei den Betriebskosten besteht im Vollanwendungsbereich des MRG auf Antrag die Möglichkeit, den Pauschalmietzins nachträglich aufzugliedern (§ 15 Abs 4 MRG).

Perklusionsrecht (Sperrrecht): Zurückbehaltungsrecht des Vermieters an den vom Mieter in das Bestandobjekt eingebrachten Sachen auf Grund des gesetzlichen Vermieterpfandrechts zur Sicherung des Bestandzinses. Der Bestandgeber muss jedoch binnen drei Tagen die „pfandweise Beschreibung" der Gegenstände beantragen, widrigenfalls sein Zurückbehaltungsrecht erlischt.

Pfandrecht des Vermieters: Zur Sicherung der Forderungen des Vermieters aus dem Bestandvertrag wird diesem ein gesetzliches Pfandrecht an den in den Bestandgegenstand eingebrachten Sachen eingeräumt. Dieses Pfandrecht entsteht im Zeitpunkt der Einbringung der Sache in das Bestandobjekt, wobei davon auch die Sachen der mit dem Mieter in einem Haushalt lebenden Personen umfasst sind. Es erlischt, sobald die Sachen aus dem Bestandobjekt entfernt werden. Siehe dazu auch Perklusionsrecht.

Räumungsaufschub: Auf Antrag des Mieters kann bereits im Urteil eine Verlängerung der Räumungsfrist festgesetzt werden, wenn der Mieter wichtige Gründe dafür geltend macht und dem Vermieter aus der Verzögerung der Räumung kein unverhältnismäßiger Nachteil erwächst. Eine zweite Möglichkeit der Verlängerung der Räumungsfrist besteht auf Antrag des Mieters im Rahmen des Exekutionsverfahrens, wenn dieser im Fall der zwangsweisen Räumung der Wohnung obdachlos würde und wenn die Aufschiebung dem betreibenden Vermieter nach Lage der Verhältnisse zugemutet werden kann.

Räumungsklage: Bei Stattgebung der Räumungsklage wird der Mieter gerichtlich verpflichtet, das Bestandobjekt dem Vermieter geräumt binnen bestimmter Zeit zu übergeben. Das rechtskräftige Urteil stellt einen Exekutionstitel dar.

Räumungsvergleich: Ein Räumungsvergleich beinhaltet die Verpflichtung des Mieters, das Bestandobjekt zu dem im Vergleich angeführten Termin geräumt zu übergeben. Ein Räumungsvergleich muss vor Gericht abgeschlossen werden und stellt einen Exekutionstitel dar.

Schlichtungsstelle: Verfügt eine Gemeinde (Stadt) über (zumindest) einen in Mietangelegenheiten fachlich geschulten Beamten oder

Angestellten und rechtfertigt die Anzahl der dort nach § 37 Abs 1 MRG anfallenden Verfahren die Betrauung der Gemeinde zum Zwecke der Entlastung des Gerichtes, so kann ein Verfahren nach § 37 Abs 1 MRG bei Gericht hinsichtlich der in der Gemeinde gelegenen Mietgegenstände nur eingeleitet werden, wenn die Sache vorher bei der Gemeinde anhängig gemacht worden ist.

Übergabe-, Übernahmsauftrag: Bei befristeten Mietverträgen kann innerhalb der letzten sechs Monate des Bestandverhältnisses bei Vorliegen einer Vermutung, der Mieter werde nicht zeitgerecht räumen oder der Vermieter werde nicht übernehmen, eine gerichtliche Verfügung beantragt werden, mittels welcher dem Gegner aufgetragen wird, den Bestandgegenstand nach Ablauf der vertraglich vereinbarten Mietdauer bei sonstiger Exekution zu übergeben (Mieter) oder zu übernehmen (Vermieter), oder gegen diesen Auftrag binnen vier Wochen Einwendungen bei Gericht zu erheben.

Untermiete: Liegt dann vor, wenn der Mietvertrag nicht mit dem Liegenschaftseigentümer, dem Fruchtnießer, Mieter bzw Pächter der ganzen Liegenschaft oder mit dem Wohnungseigentümer geschlossen wurde, sondern mit einem Hauptmieter.

Untermietverbot: Im Vollanwendungsbereich des MRG entfaltet ein vertragliches Untermietverbot nur dann Wirkung, wenn sich der Vermieter auf einen wichtigen Grund, der gegen die Untervermietung spricht, stützen kann (§ 11 MRG). Außerhalb des Vollanwendungsbereichs des MRG ist ein vertraglich festgelegtes Untermietverbot ohne weitere Voraussetzung gültig.

Vertragsverlängerung, stillschweigende: Mietverträge auf bestimmte Zeit, die nach Ablauf der wirksam vereinbarten oder verlängerten Vertragsdauer weder vertraglich verlängert noch aufgelöst werden, gelten nunmehr seit der WRN 2006 einmalig als auf drei Jahre erneuert. Wird der Mietvertrag nach Ablauf dieser drei Jahre ein weiteres Mal nicht aufgelöst, gilt er als auf unbestimmte Zeit erneuert.

Wertsicherung des Mietzinses: Wird durch die Bindung des Mietzinses an einen festgelegten Index, idR dem Verbraucherpreisindex, erreicht. Dadurch soll die Kaufkraft des Mietzinses zum Zeitpunkt des Vertragschlusses erhalten bleiben.

Wirtschaftspark: Darunter wird gem § 1 Abs 5 MRG eine wirtschaftliche Einheit von ausschließlich zu Geschäftszwecken genutzten Gebäuden und Liegenschaften, in (auf) denen jedoch nicht überwiegend Handelsgewerbe im Sinne der Gewerbeordnung 1973 betrieben werden, verstanden.

Stichwortverzeichnis